「日本に性教育はなかった」と言う前に

ブームとバッシングのあいだで考える

堀川修平

柏書房

「日本に性教育はなかった」と言う前に
——ブームとバッシングのあいだで考える

はじめに

――「性教育の空白期間」

そんな言葉を聞いて、あなたはどのような時期を、あるいは出来事を、思い浮かべるでしょうか。

私自身は、性教育実践の歴史研究者として、ジェンダー・セクシュアリティに関わる社会運動の研究者として、そして、性教育運動に関わる一運動家として、大学や市民向け講座で、さまざまな特徴を持つ人と「性と教育」について学ぶ機会を得ています。

二〇一八年以降の日本において、性教育についての関心が再度高まっています。それもあってか、私の受け持つ講座の受講者のなかにも、性教育について学びたいという方が増えてきたように感じています。それは、一研究者、そして運動家として、とてもうれしいことです。なぜなら、社会を変えるためには、私たち人間が変わっていく必要があるからです。社会は人間の集まりなので、社会をつくる人びとが変わっていくことが、とてつもなく時間がかかり、遅いように見えて、実は早道だったりするわけです。

私が大学教育に、教育者側に立って関わり始めたのは二〇一四年ですが、そのころの講義では、性教育や「LGBT（Q＋）」と呼ばれる性的マイノリティについての関心はそれほど高くありませんでした。大教室に集まる一〇〇名ほどの学生に「LGBTという言葉は聞いたことがありますか？」と聞いても、一〇名手があがるかどうか、という感じでした。

しかし、それからまだ一〇年も経っていない現在、同じような規模の講義で同じような質問をすると、一〇〇名中九〇名ほどが「知っている」と手をあげます。もちろん、何をもって「知っている」と答えているのかは、学生によってグラデーションがあるでしょうし、質問をする対象や大学、学部の違いもあるので完全な比較もできません。しかし、同時代を生きる人びとの認識が、一〇年も経たずに大きく変化していることに、私自身も大きく驚くばかりです。そう、社会が変わる、人びとの認識が変わるのは、それほど難しいことではないのかもしれません。

さて、冒頭の「性教育の空白期間」という言葉。

この言葉は、学生や市民講座に参加される方が口々におっしゃることを、私なりに一言でまとめたものです。実際にこの言葉を使ってメッセージを伝えてくる方もいらっしゃいますし、次のような言葉で思いを伝えてくる方もいます。
「日本は、ジェンダー平等が遅れている。昔から性教育が実践されていれば、ジェンダー平等な国になったはずなのに」「性教育が実践されてこなかったことが悔しいです」「性教育に取り組まず、関心を持ってこなかった教師たちに失望しています」。

それぞれの方が伝えたいことは、わかります。ですが、ちょっと立ち止まって考えてみたいのです。本当に性教育は「実践されてこなかった」のでしょうか？

答えを先取りすると、そんなことはありません。日本においても昔から着実に性教育は進められてきましたし、その担い手として教師たちが性教育をしてきた事実があります。それでは、なぜそのような事実が周知されていないのでしょうか。あるいは、なぜ「性教育は実践されてこなかった」というような誤認がなされてしまっているのでしょうか。

その答えの一つとして、日本の「性教育バッシング」が影響を与えている／与えてきた、ということがあげられるのです。「バッシング」(bashing) とは、単なる非難を指すのではなく、根も葉もない、嘘八百なデマを巧妙に用いながらなされる「論難」のことを指します。「打ちのめす」という意味もある言葉ですが、まさに日本において、性教育実践、そして性教育実践の担い手である教師たちは、バッシングされてきたという事実があります。

性教育バッシングは日本において二〇〇〇年初頭からおこなわれていた、という認識は、これまでよく語られてきたことです。同時代には、男女共同参画に関わって「ジェンダー・バックラッシュ」「ジェンダー・フリー・バッシング」も起きていましたし、バッシングを積極的におこなっていたのと同じメンバーが、日本軍「慰安婦」（あるいは「従軍慰安婦」）と呼ばれる「日本軍性奴隷」に関する歴史記述ついての批判を「新しい歴史をつくる」と表しておこなってもいました。

さて、先の「性教育は実践されてこなかった」というようなコメントが、この一年で増えたように感じます。その背景には、二〇二二年七月八日に起こった安倍晋三銃撃事件と一連の報道があるのではないか、と私は考えています。

報道でも、安倍さんが旧統一協会（現：世界平和統一家庭連合。旧略称は統一協会とも）と蜜月関係にあったことは繰り返し取り上げられましたし、そのなかで、旧統一協会によって性教育バッシングがあったことも複数取り扱われました。とりわけ、二〇〇三年に起こった「七生養護学校性教育事件」は、その文脈で再注目されたのではないでしょうか。

この二〇〇三年の事件から、早二〇年が経とうとしています。ですから、大学生のなかには、この事件自体を知らないという方も多くいますし、その当時すでに生まれていたとしても、詳しくは知らない、顚末も知らない、という方は少なくありません。

そして、実は、性教育バッシング自体は、二〇〇〇年代のバッシング以前、つまり一九九〇年代初頭からもおこなわれていたことは、もっと知られていないし、これまであまり着目されてこなかったことです。さらに、もう一歩踏み込むと、一九八〇年代後半からなされていた「性の多様性」に関わる教育実践も、性教育バッシングによって、中断をやむを得ない状況に追い込まれていました。そのことも、いまとなっては、ほとんど知られていません。

むしろ、多くの方にとって、「LGBT」にも関わる性の多様性に関する教育実践が、三〇年以上も前にすでにおこなわれていたということは、驚きの事実ではないでしょうか。

私自身、性教育実践の歴史研究者として、そしてジェンダー・セクシュアリティに関わる社会運動の研究者として活動していると冒頭に書きましたが、そのような研究のなかで描き出したのが、一九八〇年代後半から始まる、日本における「性の多様性」教育実践の歴史でした（詳しくは、前著『気づく 立ちあがる 育てる——日本の性教育史におけるクィアペダゴジー』二〇二二年をご覧ください）。

性の多様性とは、異性愛者や、出生時に割り当てられた性別に違和感を持たない「シスジェンダー」と呼ばれる人びとも含め、人間の性が多様であること、そして、性別自体が「性自認・性同一性（gender identity）」や「性的指向」、「表現の性」など多層に分けられることを表した言葉です。[1] このような性の多様性に着目し、学校教育現場において、異性愛者やシスジェンダーと自認しない子どもたちも含めて生きやすいように条件整備をしたり、授業や生活指導のあり方を検討したりする教育実践を、「クィアペダゴジー」（queer pedagogy）と呼びます。先に触れたとおり、いまよりも三〇年以上前には、主に異性愛（者）の権力性に着目して、クィアペダゴジーは実践されていました。そして、このクィアペダゴジーの蓄積を中断させたのが、性教育バッシングだったのです。

もし、このようなバッシングがなければ――歴史に「もし」は禁物かもしれませんが――学校自体が、いまよりもさまざまな特徴を持つ子どもたちにとって生きやすい環境になっていたかもしれません。しかし、そうなっていないことは、今日の状況からも明らかです。

だからこそ、といっていいのかもしれませんが、現在では日本各地で、学校外における性的マイノリティの子どもたちの居場所を確保する取り組みがなされてきています。実際、そうした居場所は切実に必要とされています。

日本で二〇〇九年から活動している、性的マイノリティの子どもや教育に関わるNPO法人ReBitが、二〇二二年九月に調査した『LGBTQ子ども・若者調査二〇二二』（有効回答二六二三名）を見てみましょう。

「普段からセクシュアリティについて安心して話せる相手や場所がない」と回答した一〇代のLGBTQは四七・二％、二〇代は三六・九％、三〇代は三二・九％であるといいます。そして、普段からセクシュアリティについて安心して相談できる場所が「ある」群と「ない」群を比較すると、相談できる場所が「ある」群は、自殺念慮が一二・二ポイント、自殺未遂が二・二ポイント、自傷行為が八・〇ポイント下がるという結果が出ています。

そもそも、一〇代のLGBTQは、過去一年に四八・一％が自殺念慮、一四・〇％が自殺未遂、三八・一％が自傷行為を経験したと回答しています。つまり、セクシュアリティについて安心して相談できる場所があることが、LGBTQユースの自殺対策につながるということです。[2]

このように、性的マイノリティの子どもたちにとって安心できる居場所の需要は高いにもかかわらず、本書で見ていくように、居場所づくりに関わる団体やスタッフが新たなバッシングの対象となっています。そして、そうした居場所に寄せられるバッシングを目の当たりにする子どもたちが、あとを絶ちません。

このような状況があること自体、ご存じない方も多いかもしれません。それでは、そんな事実を知った私たちは、私、そして読者のみなさんを含むあらゆるジェンダー・セクシュアリティの人びとのために、とりわけ子どもたちの居場所をつくるために、何ができるのでしょうか。

その一つとして、まず、これまでの状況の把握は必須です。特に、バッシングをする人たちがどのようにバッシングを展開してきたのか。性教育バッシングと性的マイノリティの子どもたちの居場所へのバッシングには、通底している点がありますので、バッシングする人たちのねらいと行動をおさえる必要があります。

また、それと同時に、バッシングに立ち向かう／立ち向かってきた人たちの存在を消すわけにはいきません。たやすく「性教育はなかった」と言ってしまうことこそ、バッシングをする人たちの思うつぼである。そのことは何度も確認していくことになるでしょう。

本書では、私たちの、そして次の世代を生きる人たちのために、性と教育に関わる活動へのバッシングに立ち向かうための「エッセンス」を、実際に歴史を振り返りながら、さらには今日の状況と往還しながら、抽出していきたいと考えています。

1 堀川修平「性の多様性――LGBTとSOGIE」『季刊セクシュアリティ』一〇三号、エイデル研究所、二〇二一年、三八‐三九頁などを参照ください。なお、「身体的特徴」に関わる点も、「男女」と二分できるわけではないことをおさえておきましょう

2 認定NPO法人ReBit「【速報】LGBTQへのいじめをなくす「SpiritDay」にLGBTQ子ども・若者調査の結果を公開」二〇二二年一〇月二四日（https://rebitlgbt.org/news/9264）。PR TIMES「【調査速報】10代LGBTQの48%が自殺念慮、14%が自殺未遂を過去一年で経験。全国調査と比較し、高校生の不登校経験は10倍にも。しかし、9割超が教職員・保護者に安心して相談できていない。」二〇二二年一〇月二〇日（https://prtimes.jp/main/html/rd/p/000000031.000047512.html）

「日本に性教育はなかった」と言う前に　目次

第二章

「性教育」とはどのような教育か？ 039

第三章

性教育バッシング、その実態

第四章　バッシングの炎が燃え盛るとき、そうでないとき　107

第五章　「性の多様性」を教育の場でどう取り扱うか？　137

第六章

トランスフォビアのなかで生き延びるために

終章
ブームとバッシングのあいだで考える

本文中の［　］は筆者による補足です。注釈は章ごとの通し番号を入れて、各章末にまとめました。なお、読者の便宜をはかり、引用文中の数字は漢数字で統一し、適宜ルビも振っています。

第一章

性教育の原風景

きり拓かれた土地で生きる／生きた私

緑はるかな石狩（いしかり）の　若葉の薫るこの丘に
輝く未来を夢みつゝ　希望にもえて伸びていく
われら大麻（おおあさ）小学校

原始の森をきり拓き　汗を流した人々の
心をうけてきょうもまた　強く明るく伸びていく

建設の音逞（たくま）しく　文化のはなをさかせんと
広く世界と輪になって　仲よくみんな伸びていく
われら大麻小学校

地元に愛着がある。そう言いきれてしまえればと思うくらい、私にとって地元北海道は、複雑な感情を呼び起こさせる土地です。大学進学まで一度も引っ越しをせずに、長らく住み育った北海道。私の出身地である江別市は、北海道の道央地域、政令指定都市である札幌市の隣に位置します。人口約一二万人、約五二〇万人が暮らす北海道のなかでは、七番目の人口を擁する市町村です。歴史が好きな方は「江別式土器」などをご存じかもしれません。江別市は、原土採取、薪材、工業用地の確保に優れており、なおかつ輸送の利便に関わっては、石狩川が流れていたこともあってレンガ製造が活発におこなわれた街でした。[1] 北海道の「開拓」の礎となった街としても有名であり、現在でも特産品の一つとしてレンガを掲げる街となっています。[2]

とりわけ江別市のなかでも、札幌市に隣接する地域で、札幌市内にも電車一本で出られるベッドタウンとして発展したのが、私の実家のあった大麻という地域です。

大麻は、建設省が一九六一年に全国的に実施した「住宅開発計画樹立に関する調査結果報告」にもとづいて、一九六四年以降に開発が進められた地域です。[3] 江別市にゆかりのあった町村金五北海道知事（在任期間：一九五九 - 一九七一年）の肝煎りの事業として始められた大麻団地の整備。この背景には、札幌市の爆発的な人口増はもちろん、平坦で地盤が良いことや立ち退きの対象となる交渉農家が少なかったことがありました。札幌都心まで一五キロメートル前後であった大麻地区には、二万七〇〇〇人の人口を見込んで、公営団地、公営住宅、そして分譲住宅など、七二〇〇〇戸余が建設されたのです。

冒頭の歌詞は、私の出身校である大麻小学校の校歌です。大麻小学校自体は、この大麻地区に、「麻畑簡易教育所」として明治期に設置されており、複式授業（二つの学年以上の児童生徒が一つの学級で学ぶ授業）がおこなわれていたほど小規模な学校でした。しかし、一九六〇年代の大麻団地の開発にともなって、新たに校舎が拡張されたり、校舎の拡張で十分に対応できなくなってからは、大麻地区に複数回小学校が分離新設されたりと、大麻地区の中心となるような学校に変貌していきました。

この校歌は、明るく始まる一番のあと、二番に入ると短調へと転調する独特な校歌なのですが、ここでちょっと考えたいのが、二番の歌詞です。私が地元に「複雑な感情」を抱く背景には、この二番にある「原始の森をきり拓き」という歌詞が関わってきます。

「原始の森」とは、江別市と隣接する札幌市に存在している野幌森林公園、通称「原始林」のことを指します。この野幌森林公園には、老朽化のため解体が決定された「百年記念塔」がありますし、野外博物館である「北海道開拓の村」や、「北海道博物館（旧：北海道開拓記念館）」という社会教育施設があります。小学校高学年の遠足では、この百年記念塔の近くまで歩いていくということが定番になっていましたし、北海道開拓の村や「開拓記念館」は、校外学習スポットの定番にもなっています。

北海道の「開拓」――私自身の身近には、いつも「開拓」の歴史がありました。そして、私はその「開拓」の歴史を、積極的かつ肯定的に学んできました。それも学校教育、社会教育という「教育」の営みのなかで。

この「開拓」という行為が「侵略」であったことに気づいたのは、義務教育を終えてからのことです。もっと言えば、じぶんごととして「差別とは何か」を学んでからのことです。でもそれも、ある意味「偶然」のことであったにすぎません。

消極的な動機から

差別が身近な問題であると気づいたきっかけにあるのが、本書にも深く関わるジェンダー・セクシュアリティに関する講義を受講したことにあります。一九九〇年生まれの私は、二〇〇九年に山梨の都留（つる）文科（ぶんか）大学に入学しました。富士急ハイランドで有名な富士急行線沿いにある小中規模の都留文科大学は、もともと山梨県立臨時教員養成所から始まったこともあって、現在でも教師を目指す学生が多く集（つど）う大学として有名です。二〇〇五年度から「ジェンダー研究プログラム」が開設された大学という特色もあります。現在、四〇近い数の関連科目が設置されており、一定程度の単位を履修することによって修了証も授与される、そのようなプログラムが開設されています。[4]

私自身は、もともと高校の国語の教師になる夢をかなえようと大学受験していましたので、正直なところ、受験時にはジェンダー研究はまったく関心がありませんでした。ですから、そのようなプログラムのある大学だと知らずに入学しましたし、入学後もたまたま友人が「空きコマなら一緒に取らないか？」と誘ってくれたので受講したという、消極的な動機しかありませんでした。ですが、この消極性が、私の人生を大きく変えることにつながりました。

初めてジェンダー・セクシュアリティを学んだとき、目の前の霧が晴れるような思いをしました。講義を担当した講師が、「あらゆる性に関わる差別は許されない」と二〇〇人ほどいる大講義室で堂々と話してくれたとき、その力強い言葉を聞いて、「私も生きていていいんだ」と思ったのです。――そう、私は中学時代からずっと、「異性愛者ではない」ということに苦しんでいた一人でした。

傷つきながら、他者を傷つける私

異性愛者ではないと気づき、悩んでいても、大学生になりたての私は「我慢してやりすごすしかない」と思っていました。もう少し踏み込んで言えば、それは我慢する程度の話であって、人権に関わる話であるなどとはまったく考えていませんでした。なぜなら、小学、中学、高校と、このようなテーマについて学校教育のなかで学んだ機会はありませんでしたし、家庭教育のなかでも学んだこともありませんでしたから。むしろ、日常生活のなかで――学校や家庭で過ごす時間、そしてテレビや漫画のなかの世界で――ジェンダー・セクシュアリティに関わる性の多様性については、からかいの対象にはなっても、真面目に取り扱うテーマにはなり得なかったのです。

ですから、この講師の一言で、自らの人権が侵害されてきたこと／いることに、生まれてから一八年以上経ってようやく気づくことができました。

そして、そのように「差別されてきた」自分自身が、他者の人権侵害に積極的に関わってきたことに気づくことができたのも、ジェンダー・セクシュアリティに関わる講義を受講してからのことでした。

私は、自分が「男性である」ということによって「高下駄」をはいて生きられているということに、ジェンダー・セクシュアリティについて学ぶまで、気づくことができませんでした。セクシュアリティに関しては被抑圧集団に属するマイノリティであっても、ジェンダーに関しては特権集団に属するマジョリティである。

そのことに気づけなかったのは、そもそも人権が、自分自身に存在していると思えなかったことに由来します。学校教育のなかで繰り返し「人権は大切」とお題目を唱えさせられたとしても、それと同じ空間で常に「存在しない」人間として取り扱われること。「ホモネタ」がまかり通るのは、まさか目の前に「ホモ」なんているはずがない、という思い込みによっていたわけです。

そのような本音と建前が入り乱れるなかで取り扱われていた「人権」など、私には関係のない、むしろ関係を持ちたくないものだとずっと思い込んで生活していました――人権と関係を持ちたくないというのは、いささか奇妙な表現ですが。

だから、人権と聞くと嘘くさく感じてしまうという、そのような価値観が深く染みついていました。どこにあるかわからない人権に関する問題を、じぶんごととして捉えられずにいました。当時の自分にとって、それは遠い話、あくまで他人事だったのです。

「仲よくみんな」の「みんな」は誰のことか

さて、私が研究や教育実践のなかで大切にしていることが、もう一つ、校歌のなかに現れています。

「広く世界と輪になって　仲よくみんな伸びていく」――校歌としては、有り体な歌詞かもしれません。ただ、先に書いた大学での差別についての学びを経てから気になって仕方なくなったのが、ここにある「みんな」とは誰のことなのか、ということでした。

私たちは日常的に「みんな」という言葉をよく使います。世代によっては「われら」「われわれ」などと言うかもしれません。この歌詞にも、子どもたちに「仲よくみんな伸びていく」ことを忘れないでほしい、そんな大人たちの思いが綴られているのでしょう。

しかし、繰り返しになりますが、北海道の歴史を語るうえで、「開拓」という名の「侵略」の歴史は避けて通れません。「みんな」と言いながらも、そこには排除され、抑圧されてきた人が必ずいる／いたはずなのです。この校歌をつくった人びと、そして歌わせてきた教師たちは、どのような思いでいた／いるのでしょうか。

現状を追認する？

もちろん、「私たちは、現在『侵略』などしていないのだから、そうした歴史とは無関係である」。そのように考える方もいるでしょう。しかし、歴史研究者のテッサ・モーリス－スズキさんは、「連累（インプリケーション）」という概念で、歴史といまを生きる私たちとが強く関係していることを示しています。[5]

テッサさんは、「あとから来た世代も過去の出来事と深く結びついている」と言い、その理由として「あとから来た世代は、歴史上の暴力や弾圧の行為をひきおこした責任こそ免(まぬか)れるかもしれないが、多くの場合そうした行為の結果としての恩恵をうけている」と指摘します。すなわち、この意味で私たちは「過去の不正に関与している。事後従犯」なのです。

また、テッサさんは、さらに重要なこととして「今生きているわたしたちをすっぽり包んでいるこの構造、制度、概念の網は、過去における想像力、勇気、寛容、貪欲、残虐行為によってかたちづくられた、歴史上の産物」なのだと指摘しています。

つまり、私たち自身が現在、何かしらの恩恵を受けていることの背景には、多くの場合、過去の抑圧、排除があるのです。そして、そのような状況を見て見ぬふりをして、「私には関係ない」と退けてしまうことは、悲惨な状況をそのままにすることにつながる。さらにいえば、将来に対してこの人権侵害を積極的に残すことにほかならない、ということです。

私が研究手法に「歴史を綴ること」を積極的に選ぶ理由の一つとして、テッサさんのこの指摘が関わっています。歴史を学ぶことは、未来にどう生きるのかを考えることにつながっている。私自身が特に専門としているのは、日本における性教育の歴史です。特に、性教育を実践してきた人びとにとっての「課題意識」――どうしてそれをする／したのか――をふまえた、実践の歴史を描くことを大切にしてきました。

あとで見ていくとおり、日本には性教育を支える制度的基盤が十分に整備されていない状況があります。しかしそこで、「ならば性教育できないのは仕方がない」、「教師ではない私には関係ない」と現状を追認してしまえば、将来に対して性教育をしない／させないという、学習権の侵害に積極的に与することになります。

私が実践者に着目してこれまで研究してきたのは、制度的基盤が不十分な社会状況のなかであっても、性教育実践を進めてきた人たちが確かに存在した／していること、そしてかれらが「どうして性教育実践をした／するのか」という課題意識を残すことが、現状を追認しないことにつながると考えているためです。

あわせて、ここでは「特権」という概念にも着目しておきましょう。

社会的公正教育の研究者であるダイアン・J・グッドマンさんは、マジョリティが持つ生きやすさが社会で認識されにくいこと、マジョリティ自身、自分が特権集団に位置づいていることを認めたくないこと、そして、それに関わる批判を受けとめないことを問題視し、「特権」という概念を用いて説明しました。[6]

だから、私が「じぶんごと」と言うときは、グッドマンさんやテッサさんの指摘が念頭にあると考えてください。つまり、「特権」がもたらす社会構造のひずみを現状追認せずに、いま、そして未来を変革するために、歴史から学ぶこと——私がいまだに口ずさむことができる校歌に登場するあの歌詞、「仲よくみんな伸びていく」を本当のことにするためには、この意味での「じぶんごと」から行動を始めるしかないのではないかと思います。

私自身の研究は、幼少期に楽しく歌っていた、そして、いまでも歌うことができるほど身に染みついた校歌にその出発点があるのかもしれない。そんなことを、本書の執筆を通して改めて考えたのでした。

私にとっての性教育の原風景

なぜ本書の冒頭で、滔々と小学校時代の思い出を描いたのか。一つは、私の研究者としての立ち位置を示す「自己紹介」にあたるということもありますが、もう一つ、歴史的に見ても重要な事実がそこにはあるためです。

実は、私の出身校である大麻小学校では、一九九〇年代から二〇〇〇年代にかけて、学校ぐるみで性教育を実践していた歴史があります。そのことは大麻小学校の沿革にも書かれています。具体的には一九九四年の欄に、「本校の性教育実践、全国の特色ある授業実践校データーベースに構築」[7]とあります。

一九九〇年生まれの私は、一九九七年に大麻小学校に入学しました。つまり、この性教育がなされていた時代に在籍していたことになります。実際、この性教育実践は、「こころとからだ」という名前でおこなわれていたことを強く覚えています。

私にとっての性教育の原風景は、この「こころとからだ」の学習になります。

大麻小学校の低学年校舎にある日当たりの良いホールの壁には、「こころとからだ」に関する教具が貼られているスペースがありました。低学年、中学年、高学年に向けた性に関する知識が、模造紙に温かな雰囲気の手書きでかかれていたのです。

学習テーマを「教材」、その教材をわかりやすく教えるための道具を「教具」といいますが、この教具は学期ごとに貼り替えられており、次のテーマは何かなと、私にとってはワクワクするものでした。そして、各学期に一度は、その教具に関連した性教育を、授業のなかで受ける機会もありました。

三パターンの「性教育」観

いま、「性教育」と聞いてあなたは、何を想像したでしょうか？

私自身、大学でジェンダー・セクシュアリティと教育に関する講義をいくつか担当していますが、そのなかで、「性教育」を主軸に据えることにこの数年試みています。

例えば学生に、初回の講義で「性教育と聞いて何を想像しましたか？」と聞くのですが、その反応は大きく三つのパターンに分けることができます。

①エロい・人前でははばかられる・性行為のテクニックの伝授といった「夜の教育」イメージ、②からだのつくり、二次性徴、性感染症やＨＩＶ／ＡＩＤＳについて取り扱う「保健体育で学ぶ」イメージ、そして、③男らしさ／女らしさや性差別といった「ジェンダーについて学ぶ教育」というイメージ、です。

③に関しては、「ジェンダー」の講義であることをふまえた回答だということが、学生に毎時書いてもらうコメントシートや、学生同士のディスカッションのなかで明らかにされることが多いです。なので、それを除けば、学生にとっての「性教育」とは、①か②のイメージに収斂（しゅうれん）されることになります。しかも、大学ごとの偏差値や学部、世代や性別、

出身地を問わず、似たり寄ったりの結果です。大学はさまざまな属性の人が集う学びの場ですので、年齢やジェンダー・セクシュアリティ、出身地も、人それぞれのはずなのですが……（もちろん、ここに書ききれない属性が、ほかにもたくさんあるはずです）。

「男子は、ドッジボールでもしてきなさい」

そのイメージの内実を、より具体的に見ていきましょう。「性教育」と聞いて、どの大学の学生もまずあげるのは、小学校高学年の宿泊研修前におこなわれることが多い「男女別性教育」です。そう、「女子」だけが集められて月経指導がなされる一方で、「男子」は放置されることが多い「男女別性教育」――。学生のコメントシートにも、「男子」と自認している学生の多くから、「小学校のときは、グラウンドでドッジボールでもしてきなさいと言われて、とても不思議だったのを覚えています」などというコメントが寄せられます。

大麻小学校でも、確かに男女別に性教育が実施されていましたが、そこで「男子」が放置されるということはありませんでした。「男子」には、射精に関する指導がおこなわれていました。これから経験する、あるいは、二次性徴をふまえるとすでに経験しているであろうからだの変化を肯定的に受けとめることができるように留意されたかたちで、です。

このような内容も含めて、六年間を通して性についての知識が積み重ねられながら学ばれていたのが、大麻小学校の「こころとからだ」の学習でした。

しかし、この性教育実践は、私が二〇〇三年に小学校を卒業したのちに実践されなくなってしまいました。今回この書籍の執筆のためにさまざまな資料をかき集めましたが、正確にこの実践が「止まった」時期を確認することはできませんでした。ただし、一つ考察できるのは、この本でのちに触れていく「性教育バッシング」が、この性教育を「止まらせた」背景にあるのではないか、ということです。

もちろん、性教育を牽引していた学内組織が変化したことや、当時性教育を積極的に実践していた教師たちが転勤することで、性教育実践がなされなくなったという理由も考えられます。

事実、私自身これまでに聞き取りをするなかで、同様の経験をした教師たち――つまり、自身の転勤を機に、元勤務校の性教育がストップしたことを語る方は少なくありませんでした。また、私自身が教育実習時に大麻小学校にお世話になった際に、とある先生にその当時の話をうかがったところ、「前の保健の先生が熱心だっただけ」と言われました。

ただし、たった一人の教師が熱心だっただけで、「本校の性教育実践、全国の特色あるないのです。

授業実践校データーベースに構築」されるほどの実践を学校ぐるみで展開できたとは思え

いずれにせよ、年表にもいつ終了したかは書かれていないので、実践内容やその実践が「止まった」時期を正確につかむことはできませんでした。よって、ここでは私の記憶にもとづいて、この「こころとからだ」について記述したいと思います。

まず、実践されていた性教育の内容が幅広かったのを覚えています。小学校低学年では、先にあげた教具として、「知らない人についていってはいけない」ということを示したものが貼り出されていましたし、中学年から高学年にかけては、からだのつくりについて覚えるために、ほかの臓器とともに性器の名称まで書かれた教具が貼り出されていました。

からだのつくりについて学ぶのは性教育だろうけど、「知らない人についていってはいけない」というのは性教育なのか？　そのように思われた方がいるかもしれません。

そんな方のためにも、そもそも「性教育」とは何であるかを、次章では整理したいと思います。また、その前段階として、「性教育」を理解するために重要な概念、「セクシュアリティ」についても一緒に確認していきましょう。

1 『新江別市史』江別市、二〇〇五年

2 えべつ観光協会HP「江別市公式観光情報サイト　えべつコレクション」より（https://www.ebetsu-kanko.jp/）。最終アクセス日：二〇二三年二月二四日

3 『新江別市史』江別市、二〇〇五年

4 都留文科大学『ジェンダー研究プログラムパンフレット』ならびに「ジェンダー研究プログラム科目表」より（https://www.tsuru.ac.jp/uploaded/attachment/2256.pdf）。最終アクセス日：二〇二三年四月二〇日

5 テッサ・モーリス－スズキ、田代泰子（たしろやすこ）訳『過去は死なない――メディア・記憶・歴史』岩波現代文庫、二〇一四年

6 ダイアン・J・グッドマン、出口真紀子（でぐちまきこ）監訳、田辺希久子（たなべきくこ）訳『真のダイバーシティをめざして――特権に無自覚なマジョリティのための社会的公正教育』上智大学出版、二〇一七年

7 江別市教育委員会HPより（https://www.city.ebetsu.hokkaido.jp/site/kyouiku/2957.html）。最終アクセス日：二〇二三年二月一四日

第二章

「性教育」とはどのような教育か？

「性」をどのように訳す？

セクシュアリティという言葉は、さまざまに定義・翻訳されていますが、ここでは「性の権利宣言」にある以下のものを見ておきます（この宣言は世界性科学学会総会によって一九九九年に採択後、二〇一四年三月に改訂が承認されたものです）。

性の権利宣言によれば、「セクシュアリティ（性）」は「生涯を通じて人間であることの中心的側面をなし、セックス（生物学的性）、ジェンダー・アイデンティティ（性自認）とジェンダー・ロール（性役割）、性的指向、エロティシズム、喜び、親密さ、生殖がそこに含まれる」のであり、「喜びとウェルビーイング（良好な状態・幸福・安寧・福祉）の源であり、全体的な充足感と満足感に寄与するものである」とされています。[1]

このことからもわかるように、セクシュアリティとは、人間であることの中核を成すものであり、幅広い意味を有する概念であることがわかります。

そもそも日本語の「性」を英訳すると、「sex」「gender」「sexuality」の三つで表すことができます。この三つの語は、国際家族計画連盟『新版 IPPFセクシュアル／リプロダクティブ・ヘルス用語集』（二〇一〇年）のなかで、次のように説明されています。

「生物学的性差 sex：ヒトの女性と男性を定義する生物学上の特性。一連の生物学的特徴は、男女を区別する結果になりがちだが、双方の特徴をもった個人もおり、男女の違いは互いにきっぱり分けられるものではない」。「ジェンダー gender：男性または女性であることに関連づけられる生物学的、法的、経済的、社会的、文化的属性と機会をいう」。「セクシュアリティ sexuality：個人の性に関する知識、信条、態度、価値観および行動のこと。そこには以下のことがらも含まれる。性的反応システムについての解剖学・生理学・生化学；アイデンティティ・性的指向・役割と人格；思想・感情・人間関係。セクシュアリティの表現は、倫理的、霊的、文化的、道徳的関心によって影響を受ける」。

これらの定義を見るとわかるように、「sex」よりも「gender」が、「gender」より「sexuality」のほうが、指し示すものが大きくなっています。つまり、「性教育」というとき、sex education と sexuality education では、取り扱う内容に関して大きな差が出てくるということです。

「人間の性」を学ぶ性教育

第一章では、学生たちのコメントシートから得られた「性教育」に関するイメージの話をしましたが、そもそもどうして、そこまで性教育に関するイメージが分かれるのでしょうか。

そこには、「性教育」という言葉を聞いたことはあるけれど、性教育自体がどのようなものであるかを学んでこなかった、という現実があるのではないでしょうか。かくいう私自身も、大学でちゃんと性教育を学ぶまでは、先の学生らのイメージと似たり寄ったりの考え方しか持ち得ませんでした。

そもそも「性教育」は、市井の人びとはもちろん、「性」に関わるジェンダー研究者や「教育」に関わる教育学研究者においても、さまざまなイメージで語られています。私自身が「性教育研究をしています」と自己紹介をしても、聞き手それぞれの考えている「性教育」イメージに沿って腑に落ちたような反応をされることもあれば、「性」と聞いて忌み嫌うような、あるいは「エロ」として捉えているのだろうな、というような不躾なまなざしを向けられることも少なくありません。

このように、「性教育」自体がさまざまに捉えられ、語られていることをふまえて、まず見ておきたいのが、日本における性教育研究者の一人である間宮武さん（一九一五－二〇〇〇年）による説明です。間宮さんは、性教育・性科学に関する知見が包括的にまとめられた『現代性科学・性教育事典』（一九九五年）の「性教育（sexuality education, sex education)」という項目で、次のように説明しています。

わが国では用語そのものは一九七〇年代の初め純潔教育といった言葉に替わるものとして普及したが、一九八〇年代に「人間の性」に関する教育として定着した。一九七〇年代の「性教育」は生物学的面の性に偏り、初経（初潮）、精通現象（最初の射精）、二次性徴、性器の構造、生殖、性病予防などを主とし、あわせて男女関係（交際・恋愛・結婚など）に関する教育と考えられたが、これらは現代の性教育の一部をなすものにすぎない。
「人間の性」はその人の人格の中心的な部分に組み込まれている基本的なものの一つである。すなわち、その人が男性であるか、女性であるかという事実や、それに対する認識は、人生観や思考、行動、社会的・職業的活動、友人の選択、服装、態度などさまざまなものに差異をもたらす要因となっている。ひいては、人間の生涯を通じての生き方そのものまでが規定される。［中略］
性教育とは、したがって、単に生理学的・解剖学的な教育のみでなく、人間関係における心理学的・社会学的な面や、その背景となる成育環境など、人格と人格との触れ合いを含む幅広い概念を持った教育、すなわち「人間の性」（ヒューマン・セクシュアリティ）の教育である。[2]

間宮さんは、日本で性教育実践・研究を牽引してきた団体の一つである「日本性教育協会」（通称「JASE（ジェイス）」、一九七二年-）の設立時から理事を務めた人物です。この性教育の説明は、今日においても性教育実践者、性教育理論研究者によって共通認識として捉えられている概念と非常に重なっているといえます。

生まれてから亡くなるまでの一生涯に関わる性教育

ここでいう「人間の性（ヒューマン・セクシュアリティ）」という言葉は、sexualityという言葉をどのように日本語訳したらよいのかという試行錯誤のなかで生み出されたものです。いわゆる「sex＝性」との違いを意識していることがわかるかと思います。

先ほど、セクシュアリティとは何かということを整理しましたが、間宮さんのいう「性教育」はsexuality educationの意味であるといえるでしょう。「単に生理学的・解剖学的な教育のみでなく、人間関係における心理学的・社会学的な面や、その背景となる生育環境など、人格と人格との触れ合いを含む幅広い概念を持った教育」であるという考え方は、JASEとともに日本の性教育を牽引してきた団体の一つである「一般社団法人〝人間と性〟教育研究協議会」（通称「性教協」、一九八二年-）における性教育研究・実践でも重視されてきた考え方です。そして、このような sexuality education として性教育を捉えているのは、日本の性教育（者）だけではありません。

ユネスコなどの国際機関によってつくられ、現在、世界各国でなされている性教育の指針の一つである『国際セクシュアリティ教育ガイダンス』を見てみましょう（二〇〇九年公表、二〇一〇年公刊。その後、二〇一八年に改訂版が公表。以下、この二〇一八年改訂版を『ガイダンス』と表します）。そこでは、「性教育」は「包括的性教育」（comprehensive sexuality education）という言葉で説明されています。

性教育研究者の浅井春夫（あさいはるお）さんは、「包括的性教育」を次のように説明しています。すなわち、包括的性教育には三つの柱がある。第一に、乳幼児期から思春期、青年期、さらには成人期、高齢期まで、人生におけるさまざまな課題に向き合っているすべての人にとって学ぶ意義があること。第二に、性的発達と人生の歩みにおけるあらゆる局面に賢明な選択と対応ができ、自らと他者の尊厳を大切にできる知識・態度・スキルを育むこと。そして第三に、人間関係においてさまざまな共生能力を獲得し、喜びを共有できる能力を獲得していくこと。この三つで成り立っているのが包括的性教育である、というのです。[3]

もう少し平易な言葉でいえば、包括的性教育とは、生まれてから亡くなるまでの一生涯にわたる教育内容であり、自らと他者とを大切にできる行動を主体的に選択することができるための知識や態度、スキルを育むものであって、多様な人びととの幸せな人間関係を築いていくための教育である、ということになるでしょう。

学校教育にとどまらない性教育

性教育はさまざまなイメージを持って語られますので、私が性教育について講演を依頼された際は、念入りに打ち合わせをすることにしています。

教師メイン、あるいは保護者メインの組織との打ち合わせでよく出てくるのが、「性教育＝学校教育」、あるいは「性教育＝教科で取り扱う内容」というイメージです。

しかし、浅井さんの指摘にも関わりますが、性教育（包括的性教育）は、生まれてから亡くなるまでの一生涯にわたる内容ですので、「学校」だけでおこなわれるものではありません。

もちろん『ガイダンス』は、カリキュラムベースでおこなうことができる学校教育を重要視していますが、それと同時に、学校外での学習も重要視しています。つまり、家庭教育や社会教育においても性教育を進めていくことは可能であるわけですし、むしろ重要であるということです。

例えば、乳幼児期からの性教育、家庭教育としての性教育は、後述する二〇一八年の性教育バッシング以降、ＳＮＳを中心として注目が集まっており、複数の書籍が出版されている状況にあります。なかでも『おうち性教育はじめます』（二〇二〇年）は、性教育研究者の村瀬幸浩さんが解説し、フクチマミさんがマンガとイラストを駆使した書籍で、性教育に関する書籍としては異例の二〇万部を突破したベストセラーとなっており、家庭教育としての性教育をあと押しするものとなっています。

授業にとどまらない性教育

学校教育で教師が子どもたちと関わるのは、授業の時間だけではありません。特に、小学校といった学級単位での活動が多い場合、授業外の関わり方も大切になるわけです。

つまり、学校生活のなかで性教育を進めることも重要になります。本書で取り扱う「性の多様性」と関わって、教育学研究者の山田綾さんは、次のように述べています。

つまり、学校は公的な機関であり、性教育や性に関する指導が公的に行われる場であるが、同時に日々の生活活動の場でもあり、性教育が行われているかどうかに関係なく、他のアイデンティティ同様、その場で生きる方法としてセクシュアル・アイデンティティが開発され、実践され、行為を通して構築される場なのである。[4]

たとえ授業で「性の多様性」について取り扱ったとしても、その授業以外の時間、つまり学校生活で過ごす時間のなかでそれがなおざりにされてしまっては、かえって、子どもたちに混乱を抱かせてしまうのではないでしょうか。

私自身、学校で講演を依頼される機会がありますが、せっかく性の多様性について話しても、学習機会であるその講演が終わった直後に「それでは、男女分かれて教室に戻りなさい」などと教師から指示がなされてしまい、とてもがっかりしたことがあります。

子どもたちは、そのように発言する先生のこともよく見ているわけです。このような学習機会をつくったのと同じ人物が矛盾する発言をするということは、混乱と同時に「本音(ホンネ)と建前(タテマエ)」といった白々しさを伝えることになってはいないでしょうか。

であればこそ、授業はもちろんのこと、それ以外の学校生活の部分での性教育が重要になってくることは言うまでもありません。

学校教育でも、家庭教育でも、社会教育でも、性教育は実践できるということ。そして、学校教育のなかでも、授業だけでなく授業外でもそれは実践できるのだということを、おさえておきましょう。

「道徳科で性教育をやりました」は本当か？

ところで、このようなことは、学校教育における「道徳科」でおこなわれているのではないか？　と考える方がいらっしゃるかもしれません。学生のなかでも、「性教育を学校の道徳の授業でやった」と答える方は少なくありません。

さて、道徳科で性教育は実践されているのでしょうか。

結論を先取りするならば、もし道徳科で包括的性教育を実践するとすれば、現在の道徳科の成り立ちや性質をよく吟味したうえでおこなわなければ、容易に包括的性教育の持つ可能性は奪われることになるでしょう。どういうことか。

道徳教育を研究している渡辺雅之（わたなべまさゆき）さんは、「道徳科の裏の顔」と表現しています。渡辺さんの議論を補助線に、整理してみましょう。[5]

まず、道徳科においては、国家の従属物として個人が位置づけられている——すなわち、

「個人は国家のためにある」という価値観が徹底されているということ。

それに関連して、国家政策に対して疑問を持たない従順な国民形成が目的であること。

そして、そのために、モラル・マナー・規則遵守・権利よりも義務が履行されるべき、といった価値観が、教材のなかに繰り返し登場していること。

極めつきは、第一次安倍晋三内閣で「改正」された教育基本法（二〇〇六年）以降、「我が国の文化と伝統に関する内容の充実」（「改正」教育基本法第二条にある、いわゆる「愛国心条項」）が強調され、戦前の「修身」の現代版として復活したものであるということ――。

これらが、現在の道徳科が抱える問題の一部です。

教育と性に対する「日本会議」の思惑

この問題性を、角度を少し変えて眺めてみましょう。安倍元首相が、日本会議と深く関わっていたことはよく知られていることですが、この日本会議が、日本における教育に関わって次のように語っていることをご存じでしょうか。

いじめや自殺、非行の増加や援助交際といわれる性道徳の乱れなど、いま学校教育は崩壊の危機に直面しています。また家庭秩序の混乱や物欲主義の社会風潮、低俗な風俗の流行など、青少年をとりまくこれらの精神的、物理的な社会環境の悪化は、教育荒廃を助長する大きな原因ともなっています。健全な教育環境の創造は、私たち一人ひとりの務めでもあるのです。

特に行きすぎた権利偏重の教育、わが国の歴史を悪しざまに断罪する自虐的な歴史教育、ジェンダーフリー教育の横行は、次代をになう子供達のみずみずしい感性をマヒさせ、国への誇りや責任感を奪っています。

かつて日本人には、自然を慈しみ、思いやりに富み、公共につくす意欲にあふれ、正義を尊び、勇気を重んじ、全体のために自制心や調和の心を働かせることのできるすばらしい徳性があると指摘されてきました。

長年の国民運動の甲斐もあって、平成一一年には国旗国歌法が制定され、平成一八年十二月には五十九年ぶりに教育基本法が全面改正され愛国心や道徳心、公共心を大切にする教育目標が明記されました。

教育は国家百年の計といわれます。私たちは、誇りあるわが国の歴史、伝統、文化を伝える歴史教育の創造と、みずみずしい日本的徳性を取りもどす感性教育の創造とを通じて、国を愛し、公共につくす精神の育成をめざし、広く青少年教育や社会教育

運動に取りくみます。[6]［傍点は筆者による］

「国を愛する」などと聞くと、何も悪いことはないのでは？　と思う方もいらっしゃるかもしれません。しかし、先に見たように、あくまでもここでいう「国を愛する」とは、国家（政策）に歯向かわないという意味です。そのことは、「行きすぎた権利偏重」という言葉にも端的に表れています。日本会議が教育や性を意識した保守運動を繰り広げていることは、次の文章からも見て取れます。

私たちは、青少年の健全な育成を願い女性運動や教育運動に取りくみます。

女性による国民運動を推進中

　今日の学校や家庭の崩壊は、深刻な社会問題になり、青少年をとりまく教育環境がますます悪化しています。また近年は、夫婦別姓を導入する民法改正案や男らしさや女らしさを否定する男女共同参画条例が各県で制定され、子供や家庭を巡る環境がますます悪化しています。そうした中、子供や家庭の絆を守ろうという声がわきおこり、その運動のなかから、家庭を守っている主婦や社会で活躍する若い女性のなかから［原文ママ〕も、子供や家族を守ろうと女性独自の運動も取りくまれてきました。全国には、多くの女性が私たちの国民運動に参加しています。そうした人々のネットワークをさらに強くし広汎な国民運動を推進するため、「日本女性の会」を設立し（平成一三年九月三十日）、各地で活動を推進しています。

教育関係者による国民運動を

　私たちはこれまで、青少年に正しい歴史〔原文ママ〕を伝えるため公正な歴史教科書の創造を提唱したり、政府への教育正常化の提言、さらには地域や学校における国旗掲揚・国歌斉唱運動を推進してまいりました。

　私たちは、広く地域社会の中で健全な青少年の育成をめざすとともに、学校の先生方や教育関係の人々とも手を携えて、戦後の学校教育や教科書の改善にむけた研究活動や青少年の育成事業などを推し進めるため、教育関係者による「日本教育会議」を設立し、教育分野の改革に取りくんできました。また、若い世代の人々が私たちの国民運動に参加されるよう、各種教育・研修事業にも取りくんでまいります。[7]〔傍点は筆者による〕

あるいは、この二つの引用文中に出てくる表現と酷似した表現が、ある文章からも見て取れます。

> 七二二　わが国を愛する心を養う教育と体験活動などの推進
> 　国旗・国歌を尊重し、わが国の将来を担う主権者を育成する教育を推進します。不適切な性教育やジェンダーフリー教育、自虐史観偏向教育は行わせません。〔後略〕

> 七三一　真に教育基本法・学習指導要領に適った教科書の作成
> 「教育基本法」が改正され、学習指導要領が改訂された後も、自虐史観に立つなど、偏向した記述の教科書が存在したことから、安倍政権において、教科書検定基準を改正しました。〔後略〕

これは、現在の政権与党である自由民主党による総合政策集「J-ファイル」（二〇一二年版）に登場するものです。総合政策集とは、その政党が政権を握った際にどのような政策をおこなうのかをまとめたものですが、そのなかにはっきりと「不適切な性教育やジェンダーフリー教育〔中略〕は行わせません」と書かれています。

このことからもわかるように、あくまでも現在の道徳科で取り扱われているのは「性教育」ではないのです。そして、のちに登場する「生命（いのち）の安全教育」もまた、「性教育」ではないということになります。

「〝友達〟と〝恋人〟と〝セックスフレンド〟の違いは何だと思いますか？」

「道徳科」で掲げている目標・ねらいと、包括的性教育が目指すものとのあいだには、根本的に大きな差異があることが理解できたかと思います。ここからは、さらに具体例を出しながら考えてみたいと思います。

例えば、包括的性教育でも重要視されている「人間関係」について。日本の道徳科では、「家族を大切にするべき」「友達を大切にするべき」という目標・ねらいのもとで、人間関係を大切にするべきだという価値観を学ばせます。

しかし、よく考えてみてください。ここでいう「家族」とは、いったい何を指すのでしょうか。あるいは「友達」とは、どのような人間関係にある人のことを指すのでしょうか。いまあなたが想像したものと、周りの人が想像したものは、似たり寄ったりのところもあるかもしれませんが、完全に一致するとは限りません。

であるにもかかわらず、「家族と友達を大切にしよう」といったお題目を例外なく押しつけているのが現在の道徳科です。しかもこれは、道徳の授業だけでなく、子どもたちが日常生活を送るなかでなされる指導としてもなされているかもしれませんし、学校全体あるいは学級の目標として掲げている学校さえあるかもしれません。

私が、大学の講義で包括的性教育を取り扱う際、「人間関係とはそもそも何なのか」ということを、ことあるごとに考えてもらっています。たとえば、学生一人ひとりに「〃友達〃と〃恋人〃と〃セックスフレンド〃の違いは何だと思いますか？」という質問を投げかけています。自身がこれまでに築いてきた人間関係とは関係なく、あなたの考えを論述してください、というのを、講義一回分の課題として設定しているのです。もちろん、人間関係にどのような名前をつけるのかという基準に、「正解」などありません。

この課題に取り組んだあとには、多くの学生が感想で「ほかの人の意見も知りたい」と記入するほど、関心の高い課題の一つになっています。実際、この課題は「良好な人間関係を築くためには？」というテーマの教具として取り扱っているものです。無記名で集計したあと学生に共有し、それぞれが「人間関係」をどのように考えているのかを実感してもらうのですが、他人と自分の基準との「ズレ」に驚いたり、「自分とは違う〇〇という意見を聞いて、基準を考え直してみた……」と、考え直した基準を自発的に書いてくれたりと、それぞれがまさにじぶんごととして考えてくれているようです。

　ちなみに、先の『ガイダンス』では、八つある「キーコンセプト」の一番目に「人間関係」が据えられています（キーコンセプトとは、カリキュラム開発の際に「メニュー」として使えるよう、内容とそれぞれの学習目標をまとめたものです）。そして、とても興味深いことに、「1.2 友情、愛情、恋愛関係」の五〜八歳の学習目標として、「友情にはさまざまな形がある」こと、「健康的な、および健康的でない人間関係がある」ことなどを学習することが掲げられており、「健康的な友達関係を築き、継続する」ことができるようになることが目指されているのです。

　この点だけをとっても、「友達」とは何かも教えずに、ただ「友達はいいものだ・大切にするべきものだ」と教え込む道徳と包括的性教育との違いは明白でしょう。学生が、おとなになってからも人間関係について知りたいと思うのは、このような包括的性教育をベースとした人間関係について学ぶ機会を得てこなかったことの裏返しなのではないかと私は考えています。

『ガイダンス』の意義

このように、包括的性教育は、単にからだのつくりといった内容にとどまるものではないこと、ましてや純潔教育ではないことは、最低限おさえておきましょう。

そして、道徳科のような価値観の押しつけにならないために、包括的性教育において重要になってくるのが、科学的（ここでは自然科学・人文科学・社会科学を指します）かつ、人権保障を基盤としたうえで、学習者が人権獲得に向けて行動に移すことができるよう働きかける、ということです。

『ガイダンス』では一貫して人権の尊重が謳われており、また『ガイダンス』自体、健康教育に関係する機関が（国レベルで）「学校に基礎を置く包括的性教育のためのプログラムや教材を開発し、実践することを支援するために開発され」たものであるとされています。『ガイダンス』が世界中の効果的な性教育・性科学研究や実践科学も重視しながら作成されており、理論と実践とが乖離しないものとなっていることには大きな意味があります。

そうであるからこそ、『ガイダンス』は国際的にも評価されているのであって、性教育に関するプログラムをつくり、実践するときの指針として取り扱われているのです。「性の権利宣言」や子どもの権利条約と関係することからも、世界各国で重要視されています。いまや、それぞれの国が自国の状況に沿って性教育実践やその指導に役立つ「手引き」をつくっている状況にあります。日本では、国レベルで『ガイダンス』をふまえた手引きをつくるという動きにはいまだなっていないのが現状ですが、研究・実践レベルの双方で、積極的に検討が進められている状況にあります。

ちなみに、国際的に見ても、性教育（sex education）から包括的性教育（comprehensive sexuality education）へと、その名称は変化してきました。これは単に名称が変化しただけ、ということではなく、「性」を包括的に捉えることの重視が背景にあります。これらをふまえて本書では、「性教育」を comprehensive sexuality education の意で用いていきます。

「純潔教育」とは何か？

さて、先ほど本書でいう性教育は、「純潔教育ではない」と言いました。「純潔教育」とは、別名「結婚まで禁欲のみ教育」や「脅（おど）しの性教育」などとも呼ばれています。

浅井さんは、世界の性教育の動向をまとめた論稿で、世界の性教育は二つの道に分かれて歩みを進めていることを指摘しています。その一つが「包括的性教育」であり、もう一つが「純潔教育」であるというのです。[8] そして、次のようにも指摘しています。すなわち――「結婚まで禁欲のみ教育」の特徴は、①恐怖による誘導と洗脳、②嘘も含めた情報の一面的協調、③無知の放置、④トラブルを起こした場合の救済の課題は無視である、と。

例えば、国際的に性教育を牽引してきたSexuality Information and Education Council of the United States（アメリカ性情報・性教育評議会）と、アメリカで活動するAdvocates for Youthは、〔図表２-１〕のように、アメリカにおける性教育をとりまく状況を説明しています。

この表のとおり、性に関わるテーマは、残念なことにポジティブに捉えられることばかりではありません。性の健康と権利の発展を推進するためには、性感染症や、性暴力、意図しない妊娠などについても考えねばなりません。これらのテーマ一つひとつの捉え方に関しても、純潔教育と包括的性教育では大きな差異があることがわかります。

実は、この点は本書で見ていく「性教育バッシング」について考えるうえで非常に重要です。というのも、日本では、一九九〇年代、二〇〇〇年代、そして二〇一〇年代にそれぞれ性教育バッシングが起こりました。その際、「行き過ぎた」「過激な」というレッテル貼りをとおして、包括的性教育や性教育実践者たちがバッシングされたのみならず、包括

図表2-1　アメリカにおける性に関する教育内容や主張の対比

「結婚まで禁欲のみ教育」の特徴	包括的性教育の特徴
多くの場合、結婚前の禁欲と、婚前の性行為のネガティブな結果という限定的な内容を取り上げる	人間形成（発達）、対人関係、性的健康など、性に関するさまざまなトピックを取り上げる
若者の性行動をコントロールするために、恐怖や恥に頼ることが多い	セクシュアリティと性行為に関する前向きなメッセージを提供しながら、禁欲の利点も説く
避妊について、失敗率の観点からのみ説明し、避妊の失敗率を誇張することが多い	コンドームや避妊法を一貫して使用することは、意図しない妊娠や性感染症のリスクを大幅に減らすことができると教える
中絶、セルフプレジャー、性的指向に関する話題を省略したり、バイアスを含んだりした情報である	中絶、セルフプレジャー、性的指向に関する正確で事実にもとづいた情報である
意図しない妊娠に直面したティーンエイジャーにとって、養子縁組だけが唯一、道徳的に正しく、成熟した決断であると教える	意図しない妊娠に直面した女性には、妊娠を継続させて赤ちゃんを育てること、妊娠を継続させて赤ちゃんを養子に出すこと、中絶することといった選択肢があることを教える
特定の宗教的価値観を推進することが多い	宗教的な価値観は、個人の性行動に関する決断に重要な役割を果たす場合があることを教える

Advocates for Youth SIECUS, “Toward a Sexually Healthy America : Roadblocks Imposed by the Federal Government’s Abstinence-Only-Until-Marriage Education Program,” 2001より一部引用。筆者訳

的性教育の「代替案」として、純潔教育が推し進められたという現実があるのです。

「科学的な性教育」を吟味した性教育へ

さて、本章の最後にもう一点おさえておきたいのが、包括的性教育が重視してきた「科学的な性教育」の落とし穴です。科学的であることは一見、悪いことではないように思えますが、なぜでしょう。

私は、性教育研究のなかでも特に、日本の性教育史のなかで性的マイノリティがどのように捉えられてきたのかを研究してきました。その成果の一つである『気づく 立ちあがる 育てる』でも指摘したのですが、「科学的な性教育」のなかで、無批判に「科学」、特に自然科学が絶対視されることにより、むしろ人権侵害が起こってしまうということがあったのです。

ここでいう人権侵害とは、性的マイノリティの排除・抑圧に関わるものです。著書のなかで私は、敗戦後からの日本の性教育実践に着目する際、性教育を牽引してきたＪＡＳＥと性教協において、性的マイノリティ――とりわけ同性愛（者）がどのように捉えられてきたのかを明らかにしました。

そこで指摘したことと重なりますが、一九七〇年代から八〇年代当時、ＪＡＳＥも性教協も、それまで主流であった純潔教育を乗り越えようと、科学的な性教育を重視しました。特にこれは、ＪＡＳＥの主要メンバーが医学者、性科学者であったことに関係すると考えられるのですが、とりわけ医学や性科学などの自然科学が重視されたのです。

このＪＡＳＥが推進した性教育では、当時の医学における「常識」に依拠し、その「常識」を問い直すことなく、「同性愛（者）は異常である」ということが繰り返し論じられていました。そんな人権侵害を含む「科学的な性教育」を鵜呑みにして、性教協でも実践が積み重ねられてしまっていたのです。[9]

ＪＡＳＥの主要メンバーたちが、同性愛者の存在を知らなかったためにそのような方針を選択したのかというと、そうではありません。かれらは同性愛者がこの社会に存在していることをよく知ったうえで、子どもたちが「同性愛者にならない」ようにとよかれと思ってさまざまに主張を繰り返したのです。

性道徳を押しつけることは論外です。しかし「科学的な性教育」を妄信するあまり、「科学」の持つ暴力性、排除・抑圧性を問わないことは、別の暴力を学習者に与えることにつながります。

性教育実践に限らず、何かを教える・伝えるというとき、その情報や知識が科学的に正しいかどうかを検証するのはもちろんのこと、そもそも、その情報や知識に他者の排除につながる偏見（バイアス）が含まれていないか／それを広めることで結果として排除に加担してしまわないかは、常に考えておかなければなりません。このような「よかれと思って」差別してしまうことの一つの例として、性教育における同性愛者の取り扱われ方をあげることができるでしょう。

このあたりの歴史についてもっと詳しく学びたい方は、ぜひ私の著書をご覧ください。次章からは、本書の主題である「バッシング」の話に入っていきます。

1 『性の権利宣言』(https://worldsexualhealth.net/wp-content/uploads/2014/10/DSR-Japanese.pdf)。最終アクセス日：二〇二三年四月二〇日

2 『現代性科学・性教育事典』小学館、一九九五年、二五四頁

3 浅井春夫『包括的性教育——人権、性の多様性、ジェンダー平等を柱に』大月書店、二〇二〇年

4 山田綾「学校におけるジェンダー／セクシュアリティの政治」子安潤ら編『学校と教室のポリティクス——新民主主義教育論』、フォーラム・A、二〇〇四年、九一頁

5 渡辺雅之『「道徳教育」のベクトルを変える——その理論と指導法』高文研、二〇一八年。他にも渡辺さんの著書では、「自己責任」の要請など複数の問題があげられています

6 日本会議HP「日本会議が目指すもの」(https://www.nipponkaigi.org/about/mokuteki)。最終アクセス日：二〇二三年四月二〇日

7 日本会議HP「日本会議の活動方針」(https://www.nipponkaigi.org/about/katsudo)。最終アクセス日：二〇二三年四月二〇日

8 浅井春夫「子どもと性　序論」浅井春夫編著『子どもと性』日本図書センター、二〇〇七年、三－一九頁

9 堀川修平『気づく 立ちあがる 育てる——日本の性教育史におけるクィアペダゴジー』エイデル研究所、二〇二二年

第三章

性教育バッシング、その実態

「知っている」とはどのような状況か？

性については、「知らないうちに自然に一通りのことは覚えちゃう」、そのように思っている人が多く存在します。

確かに、「性」という言葉も「教育」という言葉も、多くの人が聞いたことがある言葉でしょう。だからこそ、「性教育」という言葉もなんとなく想像がついてしまう。

しかし、私たちが日常生活で使っている「性」という言葉には広い意味があり、一言で「性教育」といっても、話者によってさまざまな意味／意図で用いられていることは、第二章で整理したとおりです。

実は、これから見ていく「バッシング」という言葉にも、同じことがいえます。

この本を手に取った多くの方が一度は聞いたことがある「バッシング」、あるいはそれに関わるさまざまな出来事――。それらに対するイメージは、人によってさまざまだと思います。しかし、そもそも、なぜバッシングが起きた／起こるのか、起こそうとした人たちは何を争点にしようとしていたのか。そして、それらバッシングの顛末とは。それこそ、あまり知られていないことではないでしょうか。

何か大きな事件が起こったとき、その当初はセンセーショナルに取り扱われるのに、その後の展開や顚末は、飽きてしまったかのようにまったく取り扱われなくなる。バッシングも、そうしたトピックの一つなのかもしれません。

つまり、「バッシング」という言葉を知っているからといって、その言葉が指し示す中身も知っているとは限らないわけです。むしろ、正しい事実だと思っていたことが、蓋を開けたらまさにジェンダーバッシング派の主張そのものだった、なんてことがありうる。そんな怖さがあるのです。

だからこそ、私は講義のなかで、まずはちゃんと知識を獲得しよう、言葉を知っているからといってすべてを知った気にならないようにしよう、と繰り返し話します。知識に使われるのではなく、私たちの社会を捉え直すための道具として知識を使いこなせるようになろう、と。道具として使いこなすことができれば、社会の見通しがよくなるし、見通しがよくなれば、その社会が抱える問題点も改善可能となっていくからです。

というわけで、知っているようで実はよく知らない、性に関わる「バッシング」とその歴史について整理していきましょう。

振り子が揺れるように

「バッシング」（bashing）とは、単なる「非難」を指すのではありません。根も葉もない、嘘八百なデマを巧妙に用いながらなされる「論難」のことを指します。「打ちのめす」という意味もあるバッシングですが、まさに、日本において、性教育実践、そして性教育実践の担い手である教師たちは、バッシングされてきた事実があります。「ジェンダー・フリー・バッシング」「性教育バッシング」などという言葉は、一九九〇年代以降、特に二〇〇〇年代初頭によくメディアでも用いられていました。

本書ではとりわけ、性教育に関わるバッシングについて考えていきます。実をいうと、性教育バッシングはいまに始まったことではありません。日本性教育史研究者である田代(たしろ)美江子(みえこ)さんは、日本で「性」が教育の問題として認知され、「性教育」という用語が登場したのが一九一〇年代～二〇年代であり、一九三〇年代にかけて性教育論議が高まるにつれて「寝た子を起こすな」という批判がなされていたということを指摘しています[1]。

この「寝た子を起こすな」というのは、その後一〇〇年ほど経った二〇〇〇年代の性教育バッシングでも同じように使われた言葉でもあります。「子どもたちは性を知らないのだから、知るまでそっと放っておこう」というわけです。しかも、そういう人ほど「知らないうちに自然に一通りのことは覚えちゃう」とも考えているから厄介です。

だた、バッシングが起こるというのは、翻って考えてみれば、それだけ議論が深まっているということの証左でもあります。バッシングの同義として「バックラッシュ」(backlash)という言葉が用いられることもありますが、この言葉は、文字どおり「揺り戻し」という意味です。ジェンダー・セクシュアリティに限らず、人種、民族、障害などに関わって生きづらい思いをしている人たちの置かれている状況を改善するための権利保障などが進むと、それを「揺り戻そう」とする勢力が出てくるのです。まるで、振り子が左へ右へと揺れるように。

本書では、「バッシング」や「バックラッシュ」と呼ばれたこの現象を「バッシング」とまとめて呼び、取り扱っていきます。この本に限らず、バッシングやバックラッシュに関して論じられてきた書籍、あるいは研究は、すでに多く存在しています。

だから本書では、このバッシング／バックラッシュというネガティブな状況や歴史を、これまでの研究をふまえつつ、そんな状況にあってもなお前に進もうとした、すなわち、子どもたちに性教育を届けようとした人たちがいたという「歴史的事実」に重きをおきながら見ていきたいと思います。

バッシングが日本の性教育実践を崩壊させ、ジェンダー・セクシュアリティ平等に関わる状況を停滞させてきたことは、まぎれもない事実です。それは、「ジェンダーギャップ指数」などというデータをあげるまでもなく、私たち一人ひとりが日々の生活を生き抜くなかでひしひしと感じていることでしょう。

しかし、それでも本書は、ジェンダー・セクシュアリティと教育という側面に着目し、そこで歩みを進めようとしてきた人、あるいは現在進行形で歩みを進めている人たちと、かれらが実際に進めてきた実践から、未来を切り拓くためのヒントを得たいと思います。

九〇年代のジェンダー平等に関わる状況

さて、そのためにもまずは、積極的に「ネガティブ」な側面をおさえておきましょう。ジェンダー・セクシュアリティ教育研究者であり、バッシングの歴史を研究してきた井上恵美子さんは、ジェンダー・フリー教育や性教育に対するバッシングが起こった一九九〇年代について次のようにまとめています。[2]

まず、一九九〇年代に入ると、ジェンダー政策がさまざまに前進しました。例えば、一九九一年一月には、法制審議会が選択的夫婦別姓制度のための民法改正の検討を始め、それは一九九六年に「民法の一部を改正する法律案要綱」という答申として提出されました。
また、性教育に関することでいうと、一九九二年度から、小学五年生の保健、理科の教科書に月経・射精についてと生命の誕生について指導することが、学習指導要領に盛り込まれ、これを契機に「官製性教育元年」が興りました。

官製性教育元年の背景には、このような学習指導要領の改訂が関わっていたのですが、それ以外にも一九八〇年代後半からのＨＩＶ感染の拡大、エイズの予防という側面もありました。実際、一九八七年には文部省が、学校教育においてもエイズの予防について適切な対応がおこなわれるように、体育局長名で都道府県教育委員会委員長など宛に「エイズの予防に関する知識の普及について」という通知が出されています。また、一九八八年には日本学校保健会[3]が刊行した『エイズに関する指導の手引』が全国の小中高校に教師用として配布されました。このような動きも、性教育への関心の高まりにつながったのです。

さらに、こうした性教育への関心の高まりや国内のジェンダー平等施策とあわせて、井上さんは次のことも指摘しています。

すなわち、一九九一年八月には、金学順（キムハクスン）さんが顔と氏名を公表し、日本軍「慰安婦」であったことを示しました。それを契機に、日本でその問題に大きく着目が集まったのです。一九九三年にはこれを受けて、当時官房長官であった河野洋平（こうのようへい）さんによって、日本軍「慰安婦」制度への軍の関与と強制性を認めた「河野談話」が発表され、一九九七年から使用されるすべての中学歴史教科書に、日本軍「慰安婦」に関する記述が掲載されることとなりました。

あわせて、国際的には、女性に対するあらゆる形態の差別の撤廃に関する条約（いわゆる「女性差別撤廃条約」）が一九七九年に国連で採択され、一九八五年には日本も批准しています。それにともない、国内においても「男女共同参画」と呼ばれる性別役割分業社会を問い直す施策がさまざまに出されました。

九〇年代とは、このような時代であったことを、まずはおさえておきましょう。

性教育は学校でどのように受けとめられた？

先ほど一九九二年に、官製性教育元年を迎えたといいました。これに関わって見ておきたいのが、〔図表3－1〕にある、性教育に関する民間教育研究運動団体である、一般社団法人〝人間と性〟教育研究協議会（以下、「性教協」）の会員数の変遷です。

一九八二年に二三三名の会員で始まった性教協は、一〇年後の一九九二年には、約五倍の一一五五人に会員数が増加しており、その背景にこの官製性教育元年があることが指摘

図表3-1　性教協の会員数

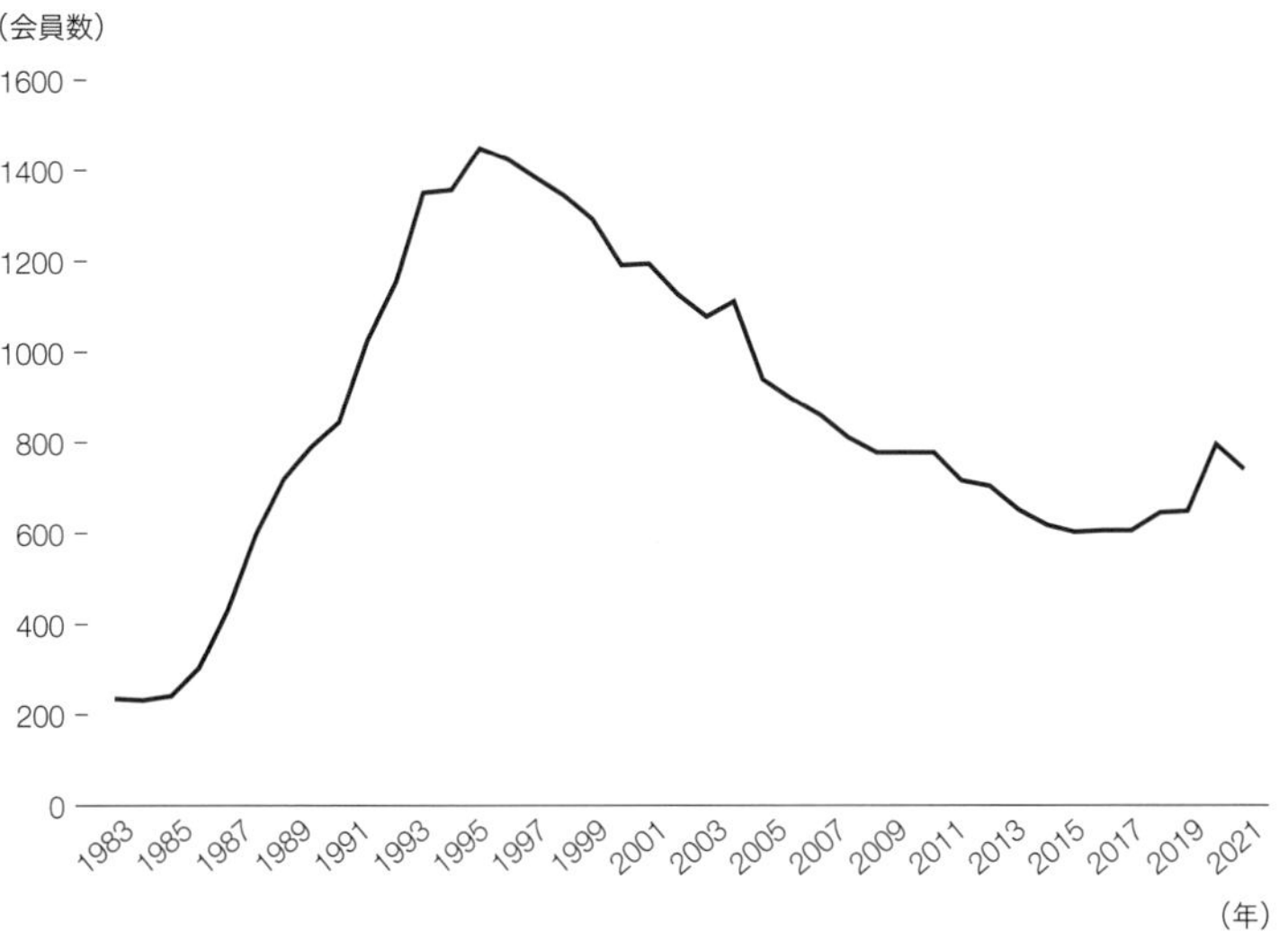

性教協会員会報『"人間と性"』ならびに『季刊セクシュアリティ』51・101号をもとに
筆者作成

できます。

ここで出てきた「民間教育研究運動団体」という言葉を、よくご存じない方もいらっしゃるでしょう。本書で見ていく性教育実践の理論・実践の研究に取り組んでいる性教協は、民間教育研究運動団体に位置づけられます。「民間教育研究運動団体」とは、文字どおり、「民間教育研究」に関わる社会運動団体です。

今日の教員組合の組織率の低下も重なって、教師による労働組合運動だけでなく、このような民間教育研究運動も「下火」となっていますが、[4] 民主的な教育のあり方を模索している教育者によって、今日においても積み重ねが続けられています。

ちなみにこの「民間教育研究運動」については、日本独特のものであるという指摘もあります。教育研究者であり、自身も民間教育研究運動に深く関わった大槻健（おおつきたけし）さんは、「民間教育研究運動」を英訳するとしてもこれに該当する英語が容易に見つからないと述べており、日本の民間教育運動が諸外国に例を見ない極めて独自なものであるとも指摘しています。[5]

このような民間教育研究について、大槻さんは、「国家権力が一方的にすすめる反動的な教育政策に賛成できない人びと」[6]が、敗戦後に「子どもの発達が国のためにあるのではなく、まず何よりも子ども自身のためのものでなければならないとする考え方」のもとで「子どもの発達に直接責任を負う教職員や父母たちの手で教育の内容、方法をあきらかにしていくべきものとして、その教職員や父母の教育活動を組織化しようとしたものである」と説明しました。[7] そして、このような民間教育研究運動団体の成立史を、〔図表3-2〕のように区分しています。

この図表からもわかるとおり、本書で着目する性教協自体は、民間教育運動団体のなかでも後発の団体であることがわかります。そして、後述するとおり、性教協では、一九八〇年代後半からすでに「性の多様性」に関する教育実践を始めていました（ちなみに、日本教職員組合〈日教組〉によっておこなわれている全国教育研究大会は、一九五一年から始まっていますが、性の多様性に関わる実践が取り上げられたのは、一九九七年が初でした[8]）。性教協は、日本の教育実践に関わる教育研究団体のなかで、いち早く性の多様性に関する教育実践を始めた団体だということです。

図表3-2　敗戦後日本における民間教育運動史の時期区分

	民間教育研究団体名(略称:設立年)	特徴
前史 1945-48	民主主義教育研究会 日本民主主義教育協会	
第1期 1948-51	コア・カリキュラム連盟(コア連:1948-、1952年に日本生活教育連盟〈日生連〉へと改称) 歴史教育者協議会(歴教協:1949-) 等	戦前の運動を継承したもの、あるいは戦前の教育に対する鋭い反省の上に発足した時期
第2期 1951-59	数学教育協議会(数教協:1951-) 創造美育教会(創美:1952-) 民間教育団体連絡会(1959-:のちの日本民間教育研究団体連絡会〈日本民教連〉) 等	国内体制を確立するために、教育の反動的再編成が国家によって進められた時期であり、それに対抗した自主的教育内容編成が求められた時期
第3期 1959-71	全国生活指導研究協議会(全生研:1959-) 全国高校生活指導研究協議会(高生研:1963-) 社会教育推進全国協議会(社全協:1963-) 全国障害者問題研究会(全障研:1967-) 全国養護教諭サークル協議会(全養サ:1971-) 等	第2期までのような、学校における各教科の内容を自主的に研究する組織ではなく、内容や方法を教科指導以外の教育活動、学校外活動、教育学、教育史学といった大衆的な観点から捉え直した時期
第4期 1972-	子どもの遊びと手の労働研究会(手労研:1973-) 同和教育における授業と教材研究協議会(同授研:1974-) **“人間と性”教育研究協議会**(性教協:1982-、“教育の人間性回復”という観点において、性教協は第4期に位置づくと考えられる) 等	右傾化にともなう教育の軍国主義化を目指す統制が強まった時期であり、子ども・青年の自殺、非行や暴力問題、受験教育などによる「落ちこぼれ」問題が一斉に噴出し、教育における「荒廃」の克服を目指して、“教育の人間性回復”をはかることが課題としてあげられた時期

大槻健『戦後民間教育運動史』あゆみ出版、1982年を参考に筆者作成

男女混合名簿と「くん」「さん」呼びの見直し

ちなみに、学校教育現場でいえば、「くん」「さん」呼びを性別によって分けることを見直す動きが昨今見られていますが、この実践が始まったのは一九八三年、東京都国立市のある小学校だと言われています[9]（バッシングの前に始まった実践、ということです）。

ある世代の読者にとっては、民間教育研究運動のなかでも幾度となく議論され、実践されてきた「男女混合名簿」に関わる「名簿（学生名簿）」も、性別によって分けられているものとしてすぐに思い浮かぶものではないでしょうか（ほかには「男女別」の座席、列順など）。

国立市の小学校教員であった川合真由美さんは、「何でも男が先なのが自然」であるとされる社会で生きていると、男女別で、かつ男性が先に位置づけられることに疑問を感じなくなってしまう様子を批判的に捉えています。同時に、だからこそ、一九九〇年には国立市の学級数で過半数（五八％）を超えた男女混合名簿という「ささいな試み」の実践が、「学校というミニ社会の中で日本の男優先の社会秩序」を壊す一つの武器になったのだ、とも考察しています[10]。

川合さんの指摘で特筆すべきは、学校文化のなかにある「軍隊性」に着目している点です。整然として、規律正しくあれと、規律を守れない者を厳しく罰するような「管理」。学校の持つ権威と秩序への意志を、川合さんは「管理教育」と表しましたが、この管理体制をゆるぎないものにするために、「男らしさ」「女らしさ」というジェンダーバイアスが用いられていることを、痛烈に批判しているのです。

バッシング派の危機感

九〇年代後半からは、このような動き——すなわち、ジェンダー・セクシュアリティに関わって生きづらい思いをしている人たちの置かれている状況を改善するための権利保障の動き——を揺り戻そうとする出来事が、直後に並行して起こっていきます。

井上恵美子さんは、このようなバッシングを二つの時期に区分して説明しています。

第Ⅰ期は、一九九六年五月から始まるもので、日本軍「慰安婦」に関わる教科書をめぐる問題が契機であったといいます（九〇年代の性教育バッシングについては次章で詳しく触れます）。しかし、この時期は、バッシングがなされるのと並行して、日本各地でジェンダー平等施策が進められていきました。具体的には、一九九九年の「男女共同参画社会基本法」の制定につながっています。

井上さんは、この基本法の制定が、右派勢力にとって「危機感」を抱かせるものとなったと指摘しています。そして、二〇〇一年一〇月以降、第Ⅱ期として「飛躍的に熾烈なバッシングを展開する」時期に入っていったといいます。[11] この時期に槍玉に上がったのが、選択的夫婦別姓制度、ジェンダー・フリー教育、そして性教育といったものでした。

ちなみに、本章の冒頭で見た、性に関する知識について「教えてもらったことはありませんが、知らないうちに自然に一通りのことは覚えちゃうんですね」という発言は、実は、当時内閣総理大臣であった小泉純一郎(こいずみじゅんいちろう)さんが、性教育バッシングを牽引した参議院議員である山谷(やまたに)えり子さんの国会質問に対する答弁として述べたものです。このように、国会においては内閣総理大臣やほかの大臣がバッシングに同調し、それを産経新聞や読売新聞といった、いわゆる保守系のメディアが大きく取り上げ、積極的に広げていったという背景があります。

〔図表3-1〕を再びご覧ください。上記のバッシング時期と重なるようにして、会員数が減っているのがわかります。一九九五年に一四五〇人というピークを迎えたのち、一種の「ブーム」が去ったかのようにゆるやかに人数が減っていますが、二〇〇一年以降徐々に減少の速度が上がっていきます。

性教育実践にとって特に打撃となったのが、二〇〇三年に起こった「七生（ななお）養護学校性教育事件」です。

東京都立七生養護学校（現在：七生特別支援学校）は、東京都の西部、日野（ひの）市にある小・中・高等部を持つ知的障害のある子どもの学校です。

この学校の特徴として、生徒の半数が、隣接する七生福祉園から通っているということがありました。生徒のなかには、親の顔を知らない子、幼児期から虐待を受けてきた子も多くおり、集団生活ということで、性的な行動に発展してしまうこともあったといいます。[12]当時この学校に所属していた先生たちは、このような状況をなんとか打開したいと考え、「こころとからだの学習」、通称「ここから学習」を始めました。

「ここから学習」では、あらゆる困難を抱えていた子どもたちに、優しいタッチを経験してもらうために「エステごっこ」と呼ばれる実践をしたり、言葉だけではなかなか理解が難しい子どもたちに排泄指導をより視覚的にしようと「ペニスタイツ」と呼ばれる教材をつくったり、同じく言葉だけではなかなか理解が難しい中高生に、射精の説明をするための教材として「箱ペニス」と呼ばれるものを創意工夫して制作したりしていました。

ここで重要なのは、性教育はそもそも、発達段階に応じて目の前の子どもたちがわかるように工夫をしておこなう実践である、ということです。繰り返しになりますが、「知らないうちに自然に一通りのことは覚えちゃう」ものではないからこそ、理解することが困難なテーマに関しては、子どもたちの発達段階に応じて、教材内容自体、あるいはテーマを伝えるための「教具」を工夫することが求められます。

少し考えてみてください。このような「教具の工夫」は、なにも性教育だけでおこなうものではありません。みなさんが小学校低学年のとき、算数の授業で「おはじき」やブロックを用いて、数の足し算、引き算を学ぶ機会はなかったでしょうか。あるいは、中学生の時代に、化学式を見ただけではなかなか理解しづらい、物質の「酸化」について、実際に実験をして視覚的に理解するということはありませんでしたか。

そのように、理解を助けるために工夫をするということは、なにも性教育に限ることではないのです。教材内容をわかりやすく、楽しく学ぶ機会をつくる教師は、いまも昔も否定されるものではなく、むしろ褒められる、あるいは「理想」とされる教師像にあたるのではないでしょうか。

しかし、このように目の前にいる子どもたちのために「工夫」しておこなった性教育が、バッシングの対象になりました。

出し物としてのバッシング

七生養護学校の「ここから学習」は、東京都の校長会などでも高く評価されていました。しかし、この実践が突如、複数の東京都議や、当時都知事を務めていた石原慎太郎さん、同じく当時東京都教育委員会教育長を務めていた横山洋吉さんによってバッシングの対象となったのです（ちなみに、横山さんは二〇〇五年に、当時都知事であった石原さんに迎えられ、石原さんを支える副知事となりました）。

八八～九〇頁に掲げた〔図表3-3・4〕は、二〇〇三年七月四日におこなわれた「視察」以降、一方的に持ち去られた教材・教具の一覧です。ここには、先ほど見たような教師たちの工夫のもとでつくられた複数の教材の名前もあります。

一方的に持ち去られた、ということだけでも驚きですが、それ以上に驚くのは、これら没収されたものが「不適切な性教育教材」として扱われ、二〇〇三年七月二三日には都議会談話室で「展示会」が開かれたことです。あるいは、二〇〇五年五月には、のちに文科大臣となる萩生田光一さんを責任者として、「過激な性教育・ジェンダーフリー教育を考えるシンポジウム&展示会」が開催されたりもしました。[13]

このときのことを、萩生田さんは次のように自身のサイトに書いています。短いものですので、省略せず全文を載せます。

五月二六日、過激な性教育とジェンダーフリー教育を考えるシンポジウムが党本部八Ｆホールで全国から多くの皆さんの参加のもと盛会に行われました。

この問題は私が都議会時代から古賀俊昭先生（日野市）田代博嗣先生（世田谷区）らと共に取り組み警鐘を鳴らし続けてきた事案で、私の都議会予算委員会の質疑が新聞記事に取り上げられたこともありました。しかし当時は国会の自民党が中々問題意識を持ってもらえず、山谷えり子衆議院議員（当時　保守党［実際には保守新党］）のみが危機感を感じて国会で採り上げていただきました。

全都の公立学校の調査をし、六〇〇体を超える不適切なセックス人形等が押収され大きな問題となり、ジェンダーフリー思想のフェミニスト達もしばらくは鳴りを潜めていたのですがここへ来て又教育現場でモゾモゾと動き始めたのを受け、党内に『過激な性教育とジェンダーフリー教育の実態調査プロジェクトチーム』を組織し安倍［晋三］代理が座長に就任し私がシンポジウムの責任者を仰せつかり実施した次第です。

当初は突然責任者に指名され、「どうしよう」と戸惑ったのですが「この際大々的にやっちゃえ！」という無責任な仲間の声に推されホールを借り、九〇一号室（党本部でホールに次いで広い部屋）に都や全国から押収したセックス人形やビデオの放映、教材の展示会も併設致しました。

シンポジウムには安倍代理や山谷先生に加え先駆的な取り組みをしてきた古賀都議、又この問題の第一人者である高崎経済大学の八木（やぎ）秀次（ひでつぐ）先生、そして元公立学校教諭の鷲野（わしの）一之（かずゆき）先生にパネリストをお願いし、不肖、萩生田が進行を務めました。多くの国民が、こういう教育問題こそ自民党に期待を寄せている事を改めて感じる会場からの多くの声がございました。

こういったおかしな教育を是正するには、やはり男女共同参画基本法の運用面での問題是正や、公務員給与改革によるダメ教員の排除等、抜本的な改革が必要な事を訴え無事閉会しました。

展示会をご視察いただいた中山（なかやま）〔成彬（なりあき）〕文科大臣も「言葉がない」とショックを受け、信じられない教材が文科省推薦とあるのを見て、「幹部全員で今すぐ見ろ！」と秘書官に檄を飛ばしていました。

連日、深夜まで準備をしていただいた鮫島（さめじま）さんはじめ、党本部の職員の皆様にも感謝を申し上げ、男女の性の同一化や家族崩壊を目論む運動家達の魔の手に子供達をおとすわけには絶対にいかず、今後も粘り強く全国的な運動を進める決意です。

このサイトの文章にも登場するように、この背景にあったのが、自由民主党が二〇〇五年一月に発足させた「過激な性教育・ジェンダーフリー教育実態調査プロジェクトチーム」です。このプロジェクトチームの座長を務めたのが、当時幹事長代理で衆議院議員であった安倍晋三さんであり、事務局長は、国会で性教育を非難した山谷えり子さんでした。

これらの「展示物」は、教師たちへの一切の許可なく利用されたものであるということに驚きを隠しきれません。あくまでも、教育委員会が「管理」するという名目で回収されたはずであるにもかかわらず、全国で開かれたバッシング派の展示会の出し物（エンターテインメント）のように使われたのは、どうしてでしょうか。

種類	教具・書籍等のタイトル	出版社等	没収数
書籍	SEXUALITY5	エイデル研究所	1
書籍	SEXUALITY6	エイデル研究所	1
書籍	愛すること生きること	ポプラ社	1
書籍	性と生の教育	あゆみ出版	22
書籍	あかちゃんはこうしてできる	アーニ出版	1
書籍	こんなときはノーといおう	アーニ出版	1
書籍	おちんちんのえほん	ポプラ社	1
書籍	せっくすのえほん	あゆみ出版	1
人形	家族人形（大型・男女）		2
人形	家族人形人形（中型・男女）		2
人形	家族人形（小型・男女）		2
人形	スージーとフレッド（男女）		2
人形	幼児人形（男女）		2
人形	小学生版　性教育授業セット①おかあさん人形セット	アーニ出版	1
ビデオ	おとなへのジャンプ	学研	1
ビデオ	スティーンとベンテ	アーニ出版	1
ビデオ	アニメーション男の子女の子シリーズ　NO.2　思春期	サングラフ	1
ビデオ	アニメーション男の子女の子シリーズ　NO.3　精子と卵子の受精	サングラフ	1
ビデオ	アニメーション男の子女の子シリーズ　NO.4　愛の発見性交	サングラフ	1
ビデオ	アニメーション男の子女の子シリーズ　NO.5　赤ちゃん誕生	サングラフ	1
ビデオ	ドキュメント出産	アーニ出版	1
ビデオ	さわやかに青春　2巻　こころ	アーニ出版	1
ビデオ	SO　THAT'S　HOW!　カナダからの性教育	"人間と性"教育研究所	1
ビデオ	わたしとあなたの知らない人	アーニ出版	1
ビデオ	ヤングのための性教育ガイド	日本ビクター	1
ビデオ	せっくすのえほん	あゆみ出版	1
ビデオ	赤ちゃんのころ　眠り・抱っこ・お風呂・おっぱい・おむつ		1
ビデオ	性を考える	ソーケン	1
ビデオ	性ってなあに　前編	NHK	1
ビデオ	性ってなあに　後編	NHK	1
ビデオ	愛しあってはいけないの	アーニ出版	1
ビデオ	ミラクル・オブ・ライフ		1
ビデオ	ステキな女の子	アーニ出版	1
ビデオ	あかちゃんがやってきた	アーニ出版	1
ビデオ	「避妊」	性と健康を考える女性専門家の会	1
ビデオ	おなかのなかのあかちゃんの成長と誕生	アーニ出版	1
ビデオ	こんなときはノーといおう	アーニ出版	1
ビデオ	私たちはどのようにして生まれてきたの（小学5年　理科）		1
ビデオ	授業記録ビデオテープ		123
		未返却合計	**235**

「こころとからだの学習」裁判を支援する全国連絡会HP「没収された教材リスト」を一部改変し、筆者作成　https://kokokara.org/pdf/shoko/kyozai.pdf

図表3-3 七生養護学校から持ち去られた268件の教具・書籍等のうち未返却一覧

種類	教具・書籍等のタイトル	出版社等	没収数
教具	CD(からだうた)		1
教具	ビデオ(同上)		2
教具	MD(同上)		2
教具	カセットテープ(同上)		1
教具	8㎜テープ(同上)		1
教具	子宮体験袋		1
教具	箱ペニス		1
教具	ペニスの付いたタイツ		1
教具	性器の模型など		4
書籍	おかあさん	岩崎書店	1
書籍	ぼくのはなし、わたしのはなし	童心社	1
書籍	からだっていいな	童心社	1
書籍	性の絵本3	大月書店	1
書籍	性の絵本4	大月書店	1
書籍	性の絵本5	大月書店	1
書籍	エイズの絵本	アーニ出版	1
書籍	成長するっていいなあ	大月書店	1
書籍	おとうさん	童心社	1
書籍	おんなのこってなあに、おとこのこってなあに	福音館書店	1
書籍	赤ちゃんの誕生	あすなろ書房	1
書籍	エイズのくすりはあい	あゆみ出版	1
書籍	写真集交尾	あゆみ出版	1
書籍	赤ちゃん	あかね書房	1
書籍	おとなに近づく日々	東京書籍	1
書籍	ティーンズボディーブック	扶桑社	1
書籍	女の子のからだの絵本	アーニ出版	1
書籍	男の子のからだの絵本	アーニ出版	1
書籍	誕生の時	偕成社	1
書籍	おちんちんの話	あゆみ出版	1
書籍	こころとからだいのちのえほん　男の子	岩崎書店	1
書籍	こころとからだいのちのえほん　女の子	岩崎書店	1
書籍	こころとからだいのちのえほん　あいしあう動物たち	岩崎書店	1
書籍	こころとからだいのちのえほん　生きることと愛すること	岩崎書店	1
書籍	こころとからだいのちのえほん　あなたがうまれるまで	岩崎書店	1
書籍	こころとからだいのちのえほん　あかちゃんはどこからきたの	岩崎書店	1
書籍	こころとからだいのちのえほん　男の子	岩崎書店	1
書籍	おんなのこの物語	小学館	1
書籍	人体の不思議	いかだ社	1
書籍	ポップコーン天使	あゆみ出版	1
書籍	おなかの赤ちゃん	講談社	1
書籍	SEXUALITY2	エイデル研究所	1
書籍	SEXUALITY3	エイデル研究所	1
書籍	SEXUALITY4	エイデル研究所	1

図表3-4　七生養護学校から持ち去られた268件の教具・書籍等のうち返却済一覧

種類	教具・書籍等のタイトル	出版社等	没収数
書籍	あかちゃんこんにちは	フレーベル館	1
書籍	いいタッチ、わるいタッチ	岩崎書店	1
書籍	わたしたちのからだ	福村出版	1
書籍	知らない人にはついていかない	アーニ出版	1
書籍	あなたはちっともわるくない	岩崎書店	1
書籍	わるい人から身をまもる本	岩崎書店	1
書籍	親と子の性教育　おかあさんはうちゅうせん	講学館	1
書籍	自立生活ハンドブック　わたしにであう本		1
書籍	やさしいからだのえほん 1 からだのなかはどうなっているの	金の星社	1
書籍	やさしいからだのえほん 2 うんちはどうしてでるの	金の星社	1
書籍	やさしいからだのえほん 3 ほねはどうしてかたいの	金の星社	1
書籍	SOS救急隊　骨編	東京救急協会	1
書籍	SOS救急隊　血液編	東京救急協会	1
書籍	SOS救急隊　皮ふ編	東京救急協会	1
書籍	からだの地図帳	講談社	1
書籍	すっきりうんち	あかね書房	1
書籍	いただきます	佼成出版社	1
ビデオ	小学校理科　5年　動物や人の誕生	TDK	1
ビデオ	小学校理科　6年　からだのつくりとはたらき	TDK	1
ビデオ	よい子のけんこうシリーズ(2)大きくなるってどんなこと		1
ビデオ	よい子のけんこうシリーズ(5)かぜをやっつけろ		1
ビデオ	よい子のけんこうシリーズ(6)おなかのはなし		1
ビデオ	よい子のけんこうシリーズ(9)たべもののはなし		1
ビデオ	よい子のけんこうシリーズ(10)からだはせいけつに		1
ビデオ	NHKスペシャル驚異の小宇宙人体　1　生命誕生	NHK	1
ビデオ	NHKスペシャル驚異の小宇宙人体　2　しなやかなポンプ	NHK	1
ビデオ	NHKスペシャル驚異の小宇宙人体　3　消化吸収の妙	NHK	1
ビデオ	NHKスペシャル驚異の小宇宙人体　4　壮大な化学工場	NHK	1
ビデオ	NHKスペシャル驚異の小宇宙人体　5　なめらかな連係プレー	NHK	1
ビデオ	NHKスペシャル驚異の小宇宙人体　6　生命を守る	NHK	1
ビデオ	未成年とアルコール	毎日ビデオ	1
ビデオ	未来からのメッセージ	日本学校保健会	1
ビデオ	AIDS　正しい理解と行動	桜映画社	1
		返却済合計	**33**

「こころとからだの学習」裁判を支援する全国連絡会HP「没収された教材リスト」を一部改変し、筆者作成　https://kokokara.org/pdf/shoko/kyozai.pdf

性道徳志向の性教育の推進者

萩生田さんのサイトにも登場した山谷さんですが、山谷さんは包括的性教育ではなく、純潔教育の推進者でもあります。性教育への批判キャンペーンの旗振り役であった高橋史朗さん（当時明星大学教員）ら研究者や、議員の支持団体である旧統一協会によっても強く推し進められていたものが、純潔教育です。ちなみに高橋さんは、「親学」という呼称で性道徳志向の強い教育を推進しました。

そんなかれらが頻繁に用いた／用いているのが、「行き過ぎた性教育」「過激な性教育」という言葉です。「ポルノ」という言葉もよく用いられます。旧統一協会系の出版社である「世界日報社」によって出版された『誰も書かなかったアメリカの性教育事情——最新現地レポート』（世界日報「自己抑制教育」取材班編著、二〇〇七年）というルポルタージュでは、性教協や、その当時進められていた性科学をベースとし「人権としての性」の獲得を目指した性教育を指して、「ポルノまがいの［性教育］教材」と糾弾しています。

この本の「まえがき」では、「八〇年代に入りレーガン政権の登場とともに、伝統的な価値観の見直しを推進する運動が台頭、その流れのなかで、自己抑制教育団体も次々と誕生してきた」ことを誇らしげに語りながら、「わが国が誇りとしてきた家族の強さを取り戻す」のだと決意宣言がなされています。「伝統的家族」の賞賛といった保守主義が推し進めてきた内容と、これら性道徳を刷り込む性教育は、親和性が高いのです。

突然の「視察」

さて、七生養護学校への「視察」は、都議であった土屋敬之さん（当時民主党所属、のちに除籍され、日本創新党を経て日本維新の会へ移籍）や、先のサイトにも登場する自民党の古賀俊昭さんと田代博嗣さん、そしてかれらとともにやってきた産経新聞の記者によってなされました。例えば、産経新聞では、「まるでアダルトショップのよう」と銘打たれた記事となって喧伝されました（二〇〇三年七月五日）。

その後、「ここから学習」の年間計画の変更指示がなされ、小・中学部生と高等部重度生徒に対する性教育の廃止、保護者への通信（高等部）の発行禁止、問題行動や生徒に対しては個別対応であたるよう指示され、授業は事前に副校長の許可と当日の監視のもとで実施されるようになる、ということになったのです。

「七生養護学校性教育事件」は、同校だけの問題にはとどまらず、全国に波及していきます（もちろん、一校であったとしても、このような介入は許されるものではありません）。こうして性教育バッシングは全国に広がり、性教育は「触らぬ神に祟りなし」といったように、教育現場から敬遠されるようになりました。特に、七生養護学校では管理職が「処分」されたため、管理職に就く人のなかには「余計なことをしないように」と、現場で性教育実践をさせないように圧力をかけた人びともいました。

〔図表3-1〕の急速な会員数の減少は、退職とともに会員をやめたという人も含まれていますが、なによりもバッシングの影響下で性教育ができなくなったことへの失意、あるいは「触らぬ神に……」というかたちで離れていった人びとの存在を表しているといえます。

このような状況が、今日にまで影響を与えているわけです。第一章で、私自身は性教育実践を受けた経験があると話しましたが、これはまさに、「性教育バッシング」以前であったからこそ受けることができたということでもあります。その数年後、性教育がなされていなかったのは、「バッシング」以降であったからでもあるのです。

「ここから裁判」の顚末

七生養護学校性教育事件は、教師であれば一度は聞いたことのある「事件」です。それゆえに、学校で性教育をすることの「ストッパー」にもなってしまっています。それこそ、性教育（バッシング）に関する「判断基準」となる知識としては不十分な状態であるからこそ、「性教育は、学校ではしてはいけない」「しないほうがいい」という考えを、当時の肌感覚のままに抱いている教師たちが少なくないのです。

この「事件」に関わる裁判は、すでに結審しています。

「ここから裁判」と呼ばれたこの裁判では、二〇〇八年二月二五日に東京地裁において、原告である七生養護学校の教師たちの勝訴判決が出されました。その後、二〇一一年九月一六日に言い渡された東京高等裁判所民事第二部の判決でも、原告勝訴となっています。そして、二〇一三年一一月二八日に、最高裁判所第一小法廷は、都立七生養護学校でおこなわれていた性教育に、都教委・都議ら・産経新聞社が介入した事件に関し、教師・保護者の上告、上告受理申立、東京都の上告受理申立、都議らの上告、上告受理申立をいずれも棄却すると決定し、三度の原告勝訴となったのです。

先ほどあげたような「しないほうがいい」と考えている教師たちのなかには、「裁判が起こった＝面倒なことが起こった」ということは知っていても、その後を知らないという方がよくおられます。最終的に高裁判決では、都と三人に控訴審判決額の賠償を命じる判決が出されたのですが、ほかにどのような内容が示されたのでしょうか。判決文の要旨のなかでも、特に重要と思われる二点をここでは触れたいと思います。性教育をやってみようと思ったときの「後ろ盾」になることが書かれているためです。

「創意工夫による性教育実践の開発」を阻害したバッシング

まず一点目。地裁判決で、性教育は日本においてどのように位置づけられているのか、どのように発展させるべきなのか、という点が記された箇所です。

性教育は、教授法に関する研究の歴史も浅く、創意工夫を重ねながら、実践実例が蓄積されて教授法が発展していくという面があり、教育内容の適否を短期間のうちに判定するのは、容易ではない。しかも、いったん、性教育の内容が不適切であるとして教員に対する制裁的取扱いがされれば、それらの教員を委縮させ、創意工夫による教育実践の開発がされなくなり、性教育の発展が阻害されることにもなりかねない。[14]

ここでは、七生養護学校でおこなわれた性教育への介入は、「教員を委縮させ、創意工夫による教育実践の開発」の阻害であり、その阻害は実践を蓄積することの阻害ともなりかねない、ということが指摘されています。

日本において、性教育を実践する、その実践を積み重ねていく基盤がまだまだ整えられていないということの確認となっている点も重要です。実践自体は、日本ではすでに、一九七〇年代から科学的知識かつ人権保障を基盤に置いた性教育が、ＪＡＳＥや性教協においても検討されてきました。しかし、先に見たように、現在の政権与党の議員、しかも「要職」についている国会議員が性教育に対して積極的に批判する立場にありますので、子どもたちの人権を保障するために科学的な知見をもとにしてなされる性教育を進めようとはしていません。そのことをいさめるような指摘になっていることは、いまだからこそ再度確認しておきたいことです。

「生命の安全教育」は性教育ではない

ちなみに、二〇二三年度から「生命の安全教育」という名の教育が導入されます。これは、二〇一八年以降に起こった、昨今の「性教育推進」の動きを受けて実施につながったものです。

文科省によると、「『性犯罪・性暴力対策の強化の方針』を踏まえ、子供たちが性暴力の加害者、被害者、傍観者にならない」ことを目的として、「生命の安全教育」をおこなうというのです。[15] このような動きから、ようやく日本でも性教育が積極的におこなわれる、と捉えた方もいらっしゃるかもしれませんが、それは誤解です。

性教育実践者であり、性教協の代表幹事を務める水野哲夫さんは、この「生命の安全教育」は文科省主導の取り組みではないこと、そもそも二〇二〇年六月に、内閣府の男女共同参画で「性犯罪・性暴力対策の強化の方針」が決定し、内閣府、警察庁、法務省、文科省、厚生労働省の各省庁がそれぞれの対策をおこなうこととなったその文脈に位置づくものであることを指摘しています。[16] これに関連して、ライターの小川たまかさんのインタビューでも次のように語っています。

水野　〔前略〕文科省は二〇世紀を最後に「性教育」という言葉をやめました。「性に関する指導」と言い換えるようになったんですね。

――そこにはどんな意味があるのですか。

水野　これは明確に言及されているわけではないですが、「〜教育」よりも「〜に関する指導」の方がランクは下です。たとえば「情報モラル教育」とか「国際理解教育」という場合には、学校はカリキュラムを作って系統的に教えなければいけません。

けれど「〜に関する指導」とは、各学校で状況判断をして、必要があれば集団指導と個別指導を上手に組み合わせて行ってください、というようなものです。学校長が「うちは問題ないから個別指導でよい」と判断したら、そうなってしまいます。

――つまり、性暴力防止対策の「生命（いのち）の安全教育」は必須となる予定なのに「性に関する指導」は任意。

水野 そうですね。「性に関する指導」では体の器官や月経、性感染症については教えますが、性交について教えることにはなっていません。たとえば、コンドームは性感染症予防になるという知識は教えますが、使い方や性交について教えるわけではないので、「コンドームって東京ドームとかと同じ建物のことだと思っていた」という子どもも中にはいるんですね。

――ちょっと変ですよね。性行為について教えることは極力避けながら、性暴力の防犯を教えることができるのでしょうか。

水野 そこが非常に謎に満ちています。

［中略］

――性教育をなぜそこまで忌避するのか、一般からすると分かりづらい感覚だと思います。

水野 根本にあるのは、「日本の伝統的な家族観を破壊する」という考え方です。選択的夫婦別姓や同性婚の反対と同じですね。性教育や男女平等の考え方は、それを脅かすものとなっていると考える人は政治家の中にも一定数います。[17]

名前や内容だけを見ると、一見「性教育」といえそうな「生命の安全教育」。しかし、第二章で触れましたが、そもそも政権与党である自民党の「J-ファイル」に明記されているように、性教育を実践するつもりなどさらさらないこと、そして、渋々進められる「生命の安全教育」の内容は、あくまでも「道徳科」で取り扱っているような内容に準ずるものであることは、付け加えておきたいと思います。

発達段階に応じた創意工夫を積極的に

さて、続いて確認したいのが、高裁判決です。先に「発達段階に応じて」という話をしましたが、これに関わって次のような判決が出ています。

本件の中心的な争点の一つとして、「発達段階に応じた性教育」ということを挙げることができる。〔中略〕知的障害を有する児童・生徒は、肉体的には健常な児童・生徒と変わらないのに、理解力、判断力、想像力、表現力、適応力等が十分備わっていないがゆえに、また、性の被害者あるいは加害者になりやすいことから、むしろ、より早期に、より平易に、より具体的（視覚的）に、より明瞭に、より端的に、より誇張して、繰り返し教えるということなどが「発達段階に応じた」教育であるという考え方も、十分に成り立ち得るものと考えられ、これが明確に誤りであるという根拠は、学習指導要領等の中には見いだせないし、その他の証拠によっても、そのように断定することはできない。[18]

この「発達段階に応じて」という言葉は、実践をしないことの言い訳に使われてしまうことのほうが圧倒的に多く、結局のところ「寝た子を起こすな」論につながってしまうわけです。ですが、この判決では、「むしろ、より早期に、より平易に、より具体的（視覚的）に、より明瞭に、より端的に、より誇張して、繰り返し教えるということなどが『発達段階に応じた』教育である」ことを支持しています。

これらをふまえて、この判決の持つ意味をもう少し詳しく見てみましょう。「ここから」裁判の原告弁護に関わった弁護士の小林善亮（こばやしよしあき）さんは、この判決について次のように記しています。

七生の地裁判決も高裁判決も画期的な判決ですが、とくに具体的場面で活用できるのは二つの点です。

まず、七生の高裁判決は、七生で行われていた性教育と学習指導要領を詳細に検討し、学習指導要領違反がないことを明らかにしました。つまり、七生で行われていたのと同様の性教育を授業で行っても学習指導要領に違反するとは言えないということになります。［中略］

もう一つ、七生の判決は、性教育や障がい児教育に限らず、教育現場の自由や裁量に対する攻撃がなされたときにそれを跳ね返す武器になります。

七生の判決は、具体的教育実践について教員の裁量を重視しました。確定した高裁判決は、学習指導要領で定められていないことも明確に禁じられていない限り許容されるとした上で、学習指導要領に定められていることも、全てについて法的拘束力があるわけではなく、理念や方向性のみが示されている部分や、抽象的ないし多義的で様々な解釈や多様な実践がいずれも成り立ちうるような部分、指導の例を挙げるに留まる部分等は、具体的にどのような教育とするかについて、大枠を逸脱しない限り、教育を実践する者の広い裁量に委ねられているとしています。[19]

「跳ね返す武器」、という言葉が使われているのが印象的です。この事件を聞きかじった程度でおさえている人たちに対して、私たちが毅然とした対応をしていくこと自体が、性教育の未来を拓いていくことにつながるということでしょう。

必要なのは歴史として学ぶ機会の保障

大学で、本章で整理したような事実を説明すると、多くの学生が驚きます。当時のバッシングやその結果、あるいはこの裁判の判決内容を知る人からすれば、「最近の若者は何も知らない」（と私も叱咤激励されたことがありますが……）と言いたくなることなのかもしれません。しかし、よくよく考えてみると、二〇二三年現在、大学に在籍する多くの学生がこのバッシング時に乳幼児期であったか、生まれていなかった「若者」です。かれらにとって、二〇〇〇年代のバッシングですら、もはや歴史上の話であるわけですし、だからこそ「性教育の空白期間」というような理解にもつながってしまうわけです。

同時に、私自身このような叱咤激励を受けてきた「若者」として思うのは、同時代に生きてきた人たちは、はたして当時、このようなバッシングの現状や、その背景をどれほどおさえていたのか、ということです。確かに肌感覚として「バッシングがあった」ということを認識していた方たちもいるでしょう。しかし、そのような状況を「見て見ぬふり」してきた人びとも大勢いるのではないかと思うのです。

第一章で「連累（インプリケーション）」の話をしましたが、当時を生きていた人の一つの「責任」として、そのときには何もできなかったのだとしても、悲惨な事件が起きてしまったこと、それ自体を歴史として残す、ということは重要でしょう。むやみに世代で切り分けて、若者が「バッシング」について知らないと嘆くことについては、一度立ち止まってほしいと思うのです。よくよく考えてもみてください。義務教育でこの「バッシング」について、「歴史」として学ぶ機会があったでしょうか？　あるいは、いま現在、バッシングについて学ぶ機会が保障されているのでしょうか？

何度も繰り返すように、人はしっかりと学ぶ機会がなければ、判断基準となるような科学的な知識を持つことが非常に難しいのです。「教えてもらったことはありませんが、知らないうちに自然に一通りのことは覚えちゃうんですね」という戯言（ざれごと）に正面から向き合うためにも、まず「バッシング」があったという歴史から学び直す必要があるのです。

1　田代美江子「性教育バッシングを検証する――なぜ性教育攻撃がまかり通るのか」木村涼子編『ジェンダー・フリー・トラブル――バッシング現象を検証する』白澤社、二〇〇五年

2　井上惠美子「性教育・ジェンダーへのバックラッシュ」に関する年表（https://min-ken.org/data/mls724lpdf_1_50.pdf）、ならびに、和田悠＋井上惠美子「１９９０年代後半～２０００年代におけるジェンダーバックラッシュの経過とその意味」フェリス女学院大学『多文化・共生コミュニケーション論叢』六号、二〇一一年を参考

3　日本学校保健会は、日本における学校保健の向上発展に寄与することを目的とする団体。一九二〇（大正九）年に「帝国学校衛生会」として設立したのち、一九五四（昭和二九）年に現在の名称に変更。『公益財団法人 日本学校保健会　要覧』より（https://www.hokenkai.or.jp/PDF/JSSH_yoran.pdf）

4　佐藤隆「教師の成長と民間教育研究運動」『日本教師教育学会年報』一四号、二〇〇五年、四一‐四七頁

5　大槻健『戦後民間教育運動史』あゆみ出版、一九八二年、一一頁

6　大槻前掲書、一二頁

7　大槻前掲書、二三頁

8　日教組編『日本の教育　第46集』によると、ここでは、同性愛者当事者であり教師であった伊藤悟やそのパートナーの簗瀬竜太によって書かれた書籍を読んだ「同性愛」についての実践（神奈川「男女

の自立と共生を目指す教育」)や、愛と性の授業の中で、異性愛だけでなく同性愛を取り上げていること(熊本)、「同性愛もいる」ということを生徒に告げている実践(新潟)が「両性の自立と平等をめざす教育」分科会にて報告されたと書いてあります

9 若桑(わかくわ)みどり他編著『「ジェンダー」の危機を超える!――徹底討論! バックラッシュ』青弓社、二〇〇六年

10 川合真由美「「男が先」を否定することでみえてくるもの――学校のなかの性差別と男女混合名簿」小倉利丸(おぐらとしまる)+大橋由香子(おおはしゆかこ)編著『働く/働かない/フェミニズム』青弓社、一九九一年、三〇九-三三二頁

11 井上惠美子「バッシングの全体像――バッシングは何を攻撃したのか」『季刊セクシュアリティ』一一号、六-一五頁

12 「こころとからだの学習」裁判を支援する全国連絡会HPより(https://kokokara.org/)。最終アクセス日:二〇二三年四月二〇日

13 はぎうだ光一の永田町見聞録「■過激な性教育とジェンダーフリー教育を考えるシンポジウムが盛大に開催」二〇〇五年五月二八日(http://blog.livedoor.jp/hagiuda1/archives/23351851.html)。最終アクセス日:二〇二三年三月一六日

14 「平成17年(ワ)第9325号、同第22422号損害賠償等請求事件」判決要旨より

15 文部科学省HP「性犯罪・性暴力対策の強化について」(https://www.mext.go.jp/a_menu/danjo/anzen/index.html)。最終アクセス日:二〇二三年四月二〇日

16 小川たまか「文科省が進める「生命の安全教育」、性教育と言えないのはなぜ?」『ダイヤモンドオンライン』二〇二一年七月九日(https://diamond.jp/articles/-/276274)。最終アクセス日:二〇二三年三

月一六日

17 小川前掲記事

18 「平成21年（ネ）第２６２２号各損害賠償等請求控訴事件」判決より

19 小林善亮「Ｑ９　七生の判決はどんな場面で活用できるのですか？」七生養護「ここから」裁判刊行委員会編『かがやけ性教育！——最高裁も認めた「こころとからだの学習」』二〇一四年、一一二-一一三頁

第四章

バッシングの炎が燃え盛るとき、そうでないとき

性教育バッシングは、二〇〇〇年代から始まったのか？

ここに、一冊の本があります。タイトルは『時代と子どものニーズに応える性教育』。性教育研究者であり、性教協の代表幹事である浅井春夫さんが、一九九三年に編者となって出版した本です。

この本のサブタイトルは次のとおりです。「統一協会の『新純潔教育』総批判」。そう、この本は一九九〇年代当時におこなわれていた旧統一協会による性教育バッシングと、かれらが推進していた「新純潔教育」への批判を念頭に書かれたのです。

「まえがき」には次のように書かれています。

昨年（一九九二年）は、マスコミで「性教育元年」ということで大変な注目が集まり、今年度は「エイズ教育元年」として、性教育への社会的注目と期待が寄せられてきたことは周知のことである。性教育がもはや教育実践の不可欠の内容であることは、総論的には多くの人が認める時代となったといえよう。

［中略］こうした状況のもとで、昨年の六月に突如として「性教育推進」に対する攻

撃が、週刊誌上において大学教授から行われたのである。「性交教育」という造語まで使っての私たち「性教育推進派」に向けられた内容は、率直にいって誹謗・中傷・攻撃といった内容で終始しているのが実際である。そしてこれ以降、さまざまな攻撃が大学教授、性教育のリーダーといわれる人などから行われてきたのである。出版物だけでなく、講演会、セミナー、ビデオ作成（『性教育過激派の狙い』『正しい愛と性の教育とは』）などによって大々的に攻撃が行われているのが、今日の性教育をめぐる時代への逆行・反動化ともいえる動きであり、その背後には統一協会の組織的な活動があることが鮮明になってきた。

統一協会は、「新純潔宣言」によって「現在すすめられようとしている『性教育』――性解放思想に基づく性器・性交・避妊教育――には反対します」としたうえで、「統一原理に基づいた愛と性に関する真理を提示し、青少年に神の息子・娘としての自覚を持たせる」ことを宣言しているのである。その具体的な取り組みとして「新純潔教育」キャンペーンが行われているのである。[1]

矮小化されるバッシングの被害

ここまで露骨な性教育への批判キャンペーンがなされていたにもかかわらず、このときの攻撃を「性教育バッシング」であったと捉える研究者は多くありません。

しかし、歴史をたどれば、前章に見た田代美江子さんの指摘のように、一〇〇年前に日本で性教育に関する議論が深められていたときにはすでに「寝た子を起こすな」というバッシングが起こっていました。そして、やはり井上惠美子さんが指摘したとおり、一九九〇年代にもすでに性教育に対するバッシングは起こっていたのです。

こうしたバッシングの見落としが起きてしまうのは、一部の研究者を除いて、多くの教育研究者が性教育に関心を持っていないためでしょうか。研究者も、市井の人びとと同じように、性をタブー視している、ということかもしれません。[2]

ただし、性教育の専門家である、性教育実践者・研究者ならそうではないはず。

そのように考えて、性教協と同じく、日本で性教育実践・理論研究を牽引してきたJASE（日本性教育協会）の五〇年史である『日本性教育協会50年史』（二〇二一年）を見てみました。

ＪＡＳＥは、一九七二年二月二九日に文部大臣の正式認可を受けて誕生した、日本初の「性に関する法人」です。純潔教育ではない「〝真の性教育〟を望む声の高まり」を受けて、そしてその一方で、優生保護法「改悪」に関する法案提出に代表されるような「性をめぐる社会状況の変化」を受けて、誕生しました。

このＪＡＳＥの設立に携わったのは、朝山新一さん（大阪市立大学名誉教授）や黒川義和さん（関西性教育相談所長）、間宮武さん（横浜国立大学名誉教授）、村松博雄さん（医師、医事評論家）といった性科学・医学研究者や、内田常雄さん（元厚生大臣）や篠崎信男さん（元厚生省人口問題研究所長）といった政府機関関係者、富田光一さん（ＪＡＳＥ事務局長）や林四郎さん（株式会社小学館専務取締役）といった出版関係の人びとでした。性教協が、学校教育現場で活躍している「教師」を中心として設立されたこととは、差異があることがわかります。このように、ＪＡＳＥ自体は、性教育に関わる性科学・医学研究者と、かれらをバックアップする政府機関、出版社から成る団体という構造的な特徴が見いだせるのです。いずれにせよ、日本の性教育、特に科学的な性教育を牽引してきた団体であることは間違いないでしょう。

さて、五〇年史を見渡してみると、巻頭にＪＡＳＥ運営委員会委員長である石川哲也さんの「日本性教育協会創立50年にあたって」という文があります。ちなみに石川さんは、九〇年代の「官製性教育元年」当時、文部省体育局学校健康教育課教科調査官を務めていた人物でもあります。

この文のどこにも、「バッシング」に関する記述は見当たりません。九〇年代のバッシングはもちろん、二〇〇〇年代の「ここから学習」、そして後述する二〇一八年の東京都足立区立中学での性教育への攻撃も、です。

ほかの箇所ではどうでしょう。「日本性教育協会創立50年によせて」というコーナーを見渡してみると、認定ＮＰＯ法人ぷれいす東京理事でＪＡＳＥ運営委員会副委員長の池上（いけがみ）千寿子（ちづこ）さんは、二〇〇〇年代のバッシングについて触れていますが、ＪＡＳＥ運営委員会顧問の波多野義郎（はたのよしろう）さんや全国性教育研究団体連絡協議会理事長である野津有司（のづゆうじ）さん、一般財団法人日本児童教育振興財団代表理事の相賀昌宏（おおがのぶひろ）さんは、やはり一切触れていません。

一部の「特別寄稿」ではバッシングに触れられているものの、「年史」として非常に重要な意味を持つ、五〇年にわたる「事業報告」にも、九〇年代のバッシングについては一切触れられていません。この事業報告は各年度に分けられ、その年の社会情勢、教育をとりまく問題などが整理されたあと、ＪＡＳＥとしての活動報告の記述となる流れなのですが、社会情勢としても、教育をとりまく問題としても、一連のバッシングが認識されていません。なぜでしょうか。

ちなみに、七生養護学校「ここから学習」については、次の記述だけが確認されました。

性教育バッシングがマスコミを賑わし、東京都立七生養護学校の性教育が「過激」・「行き過ぎ」として問題視され、都内の養護学校等で一〇〇人以上の教職員が処分された。それに対し、東京弁護士会に人権救済の申し立てが行われ、性教育をめぐって教育界での対立が深まった。[3]

わずか数行で綴られたこの「ここから学習」に関するバッシング。「教育界での対立」は、国から一方的につくられた「対立」構造であったはずなのに、そのことにはまったく触れられていませんし、先に見た「ここから学習」裁判の経過や結果も、当然のように記述されていません。性教育をめぐる問題であるわけですし、社会情勢、教育をとりまく問題としても欠かせない出来事であったはずなのに、なぜ触れられていないのでしょうか。

誤認とためらいは、どこから？

そもそも、歴史を描くという行為において、「客観性」はありえません。なぜなら歴史は、この世の中に数え切れないほど存在した／している出来事を、それを編む人の「主観」に沿って選択し、つなぎ合わせたものであるからです。もちろん、「嘘」を書かないのは当然ですが、何が「重要なのか」という出来事の選択基準には、主観が強く作用します。

そのように考えれば、ある意味、このように編まれた「年史」をとおして、ＪＡＳＥの政治的立ち位置もよくわかってくるのではないでしょうか。

ちなみに、九〇年代のバッシングについて年史に記述がないのは、その当時ＪＡＳＥを牽引してきた田能村祐麒（たのむらゆうき）さん（中学校長、指導主事を経て、田能村教育問題研究所所長、日本性教育協会常務理事、全国性教育研究団体連絡協議会理事長、東京都幼・小・中・高性教育研究会会長等を歴任）の影響もあるように感じます。

田能村さんは、先にあげた性教育バッシングを牽引した高橋史朗さんとともに『性と生命の教育』（二〇〇二年）の責任編集もしている人物です。教育行政学研究者であり、性教育に関する研究をしている広瀬裕子（ひろせひろこ）さんと田能村さんとの（二〇〇六年ごろに収録されたと思われる）対談には、次のように書かれており、田能村さんの性教育バッシングや性教協に対する考え方、あるいは「性の多様性」の捉え方が読み取れます。[4]

広瀬　いまの性教育バッシングは、性教育全体というよりは性教協に向けられていますが、バッシング派の狙いは性教育を対象にしてはいても、性教育そのものではなく別のところにあるのではと思えるんです。このへんをどうお考えでしょうか。

田能村　それはどうでしょうか？

広瀬　もしも性教育そのものをバッシングすることが目的ならば、性教育協会［JASE］をターゲットにしてもいいわけでしょう。性教協より大きな組織だし。

田能村　でも性教育協会は、この問題では主張をしていませんから。

［中略］

広瀬　六〇年代に登場するいわゆるリベラルな性教育は、もともとはリブ［女性解放運動（women's liberation movement）の略］、フェミニズムの系統ではなく、セクソロジー［性科学］の系統から出てきたもので、だから必ずしもジェンダーに関する問題意識を持っていたわけではありませんでした。フェミニズムがセクソロジーベースの性教育に「敵対的」であったこともありましたよね。「女のこと、わかっていない」というように。

田能村　そうですね。

●「性の多様性」は、混乱のもと？

広瀬 けれど、性を扱っている性教育は、ジェンダーに無関心ではいられませんから、少しずつそうした考え方を入れていきました。さらにセクシュアル・マイノリティという問題意識も取り入れるようになった。

田能村 それが、だんだん混乱してきた（笑い）。脳の研究が進んできて、男と女に違いがあるんだ、とか。ジェンダーについても詳しくやろうとしても、教師のほうに問題があって、子どもに話をしても分からないんです。ジェンダー・ロールについてはもちろん、性にはいろんなパターン（指向性）があるんだとか説明しても、中学ぐらいでは混乱するだけでしょう。

ぼくは一つ いま問題だと思うのは、マスメディアが性の多様性をいろいろと取り上げるから、それでかえって悩む子どもが出てくる。たとえば、自分は異性に関心がないから、それでホモセクシュアル〔同性愛〕じゃないかと悩む。

自分自身をつかまえるのに、ホモセクシュアルが何パーセントかいるんだよと言われてしまうと、そうでない者まで悩んでしまう。現実に、そういうケースを聞いています。ですから、性の指向性は多様なんですよと教えるだけですむのかどうか。

広瀬 けれども、同性愛を教える前から教室には同性愛者はいるわけですし。概念がないために自分のことが理解できずにいる子どももいるでしょう。概念が与えられることによって、「あ、自分は同性愛者なんだ」とストンと落ちる。自分のアイデンティティとして。ですから概念を教えることにはそうした効用もある。問題があるとすると、だれにでも概念をあげていいのか、ということになるでしょうか。

田能村 しかし、それには発達段階がある。インターセックスも、ある年齢になれば自分で理解できるけど、一斉に教室でそれを教えられるのはどうなのか。

広瀬 でも、この問題はあれと似てません？　初潮はいつ教えるかという問題と。初潮を迎える時に、あらかじめ教えておいたほうが混乱がないと言われますね。

田能村 でも初経は自分で乗り越えられる課題だけど、一方の半陰陽は乗り越えられるかどうか。それを社会全体が受け入れられるものであればともかく、差別が社会にある時は本人の受け止め方が違う。

広瀬 とはいうものの、「自分は何か、ひとと違う」というモヤモヤを持ち続けるのは……？

田能村　だから、ぼくが言うのは、発達段階のどこで知らせるか、という問題なんです。たとえば中学二年とか三年で、自分はホモセクシュアルかもと知ることになると、それを肯定的に受け止められるかどうか。悩んでいる本人が相談にきたなら、言えるんだけど、一般的に授業として話すのは、どうか。

広瀬　確かに上手に扱わないと、知識を教えるだけになってしまうかもしれません。

田能村　そうなんです。たとえば思春期になると二次性徴が現れますということだけを教えていて、それをどう受け止めるかという、その扱い方が抜けていますよ。

広瀬　マイノリティの情報の扱い方は確かにむずかしい。相談に来た子どもに個別に必要な情報を与えるという方法もあり得ますが、そうなると相談に行けずに一人で悩んでいる子どもに対応できなくなってしまう。性教育の授業だけでは対応できることとできないことがある。

田能村　だから、カウンセリングもあるよとか、そうしたモヤモヤを解決する手段・方法を伝えなければいけない。ただ、「相談にきてよ」と言って、本当に先生が相談にのれるのか、それもむずかしい。

「性の多様性」をとりまく教育状況

二〇〇六年当時と比べて、現在の田能村さんの考えはわかりませんが、田能村さんはどうやら、性の多様性について小中学校で教えるのは早いと捉えているようです。そもそも日本において、学校教育現場で「性の多様性」はどのように捉えられてきたのでしょうか。

性的マイノリティに関わる教育制度をさかのぼると、まず同性愛に関する記述が見て取れます。この同性愛者に関する記述の初出は、一九七九年に文部省が刊行した『生徒の問題行動に関する基礎資料』となります。

この資料では、同性愛者は「倒錯型性非行」として扱われており、指導して改善すべき「問題行動」として位置づけられているのです。規範から逸脱するという意味の倒錯という表現からも、同性愛に対する姿勢がポジティブなものではないことが読み取れます。結局、一九九四年にこの資料から「同性愛は性非行」という記述が削除されるまで、学校教育において同性愛を異常視するのは普通のことであったのです。そして、記述が削除されたあとも、特段に同性愛者に対して何らかの対応が取られることもなかったことは、付け加えておきたいと思います。[5]

このような流れに変化が見られるのは、二〇一〇年代に入ってからのことでした。二〇一〇年に文部科学省は、「児童生徒が抱える問題に対しての教育相談の徹底について」という通知を出しています。この通知は、「男児」を「女児」として受け入れることとなった「性同一性障害」の事例を示したものであり、日本の学校教育において初めて「性的マイノリティ」の権利保障を前向きに捉えたものでありました。

その後、二〇一三年には、「学校における性同一性障害に係る対応に関する状況調査」を文科省が実施、それをもとに二〇一五年には「性同一性障害に係る児童生徒に対するきめ細かな対応の実施等について」を、二〇一六年には「性同一性障害や性的指向・性自認に係る、児童生徒に対するきめ細かな対応等の実施について（教職員向け）」を、それぞれ文科省が通知しました（これらの「通知」については第六章で詳しく論じます）。

いま、生きることをやめようとする子どもたち

このような対応がとられてきた背景の一つに、性的マイノリティの生き方に関わる大きな問題が存在していることを指摘できるでしょう。

例えば、多くの性的マイノリティが、思春期・青年期に、他者が思っている普通という

基準と自分が異なっていることに気づき、そのことに悩み、場合によっては自死を選択する場合もある——そのような調査結果が出ています。[6]

これに関連しておさえておきたいのが、日本における自殺防止に関する取り組みです。内閣府は、二〇〇七年に「自殺総合対策大綱」を通告しています。この大綱は、おおむね五年ごとに改訂されているものですが、その二〇一二年版において、初めて性的マイノリティに関し「教職員の理解を促進する」と明記されました。先のように異常であるとしていたことから見ると、画期的な通告だったことは言うまでもありません。その後、二〇二二年改訂版においては、「性的マイノリティへの支援の充実」として「性的マイノリティは、社会や地域の無理解や偏見等の社会的要因によって自殺念慮を抱えることもあ」ること、そして、「大学等において、本人の同意なく、その人の性的指向・性自認に関する情報を第三者に暴露すること（アウティング）も問題になっていることから、性的マイノリティに関する正しい理解を広く関係者に促進するとともに、学校における適切な教育相談の実施等を促す」のだと書き加えられています。[7]

近年、性的マイノリティの子どもたちが生きづらさを感じないで済むような学校教育環境の整備が進められるようになってきたのは、こうした経緯をふまえてのことなのです。

田能村さんと広瀬さんとの対談に戻りましょう。広瀬さんは、同性愛者は同性愛のことを「教える」か否かにかかわらず、すでに存在していることを指摘していました。これは、自分自身の存在を規定する概念（例えば「同性愛」であること）を理解しているからこそ、その属性を安心して引き受けることも可能になる、と考えての発言でしょう。一方の田能村さんは、その点については、なにやら危惧しているようでした。

しかし、繰り返しになりますが、性教育は「発達段階に応じて」実践するものです。そう考えると、田能村さんの発言は、発達段階を言い訳に「やらなくていい」と判断しているように読み取れないでしょうか。

本来であれば、「やらなくていい」理由を探るよりも、いま生きづらい思いをしている子どもたちの現実に即して、教師が性の多様性を教えられる、あるいはそれこそ「相談にのれる」ように、田能村さんをはじめとする性教育実践者たちが実践・理論研究をしていくことこそが必要だったのではないでしょうか。

子どもの置かれている状況から性教育実践を始めた教師たち

さて、ここまで見たように、一九九〇年代には旧統一協会が主導した性教協への性教育バッシングが、二〇〇〇年代には「ここから学習」へのバッシングがありました。そして今度は、二〇一〇年代後半に入ると、東京都足立区立中学でおこなわれていた性教育授業に対するバッシングがなされます。

そもそも、この学校ではどのような性教育がなされていたのでしょうか。この実践は、中学校の教師を務めていた樋上典子（ひがみのりこ）さんと、性教育研究者の田代美江子さん、艮香織（うしとらかおり）さん、渡辺大輔（わたなべだいすけ）さんを中心に、学校・研究者・地域の協力のもとでなされていたものです。

樋上さんらの実践は、『実践 包括的性教育』（二〇二二年）にまとめられていますので、詳しくはそちらをご覧いただきたいと思います。ここでは、樋上さんらの実践と、その背景にある樋上さんの経験や思いに触れておきましょう。

この実践は、特別授業などの時間を使って、「生命の誕生」「女らしさ・男らしさを考える」（一年生）、「多様な性」（二年生）、「自分の性行動を考える〜避妊と中絶〜」「恋愛とデートDV」（三年生）というように、段階を踏んで教える、まさに包括的性教育実践でした。

樋上さんがこの実践を始めた背景には、次のようなことがあったといいます。

> からだのことを知らなければ、自分が受けている被害について認識することはできない。三五年前、養護学校（現・特別支援学校）の高等部で教えていたとき、そのこ

とを思い知る事件が起きていた。

一人の女子生徒がレイプの被害に遭ったのだ。彼女は警察で事情を聴かれることになった。自閉的傾向があった生徒に付き添って、樋上さんも警察に行った。しかし、その生徒は自分のからだに何が起こったのか、まったく答えることができなかった。

［樋上さん談］「尿道と性器、肛門の違い、プライベートパーツの意味、人権を踏みにじる行為を受けたことも理解していませんでした。もし彼女がそれらを理解していたら事件を回避できたのではないか、生徒を守るためにも教育が必要であると強く感じました。その事件を機に、養護学校で仲間とともにセクシュアリティ教育実践に取り組み始めました[8]」


このような経験から、樋上さんは性教育実践者として長らく「セクシュアリティ教育実践」に取り組んできたのです。

では、二〇一八年のバッシング当時に性教育をしていたときには、どのような思いがあったのでしょうか。樋上さんが勤務していた学校のある足立区は、「東京都内の他区に比べて生活保護世帯、就学援助の割合が高く、虐待、補導件数も多い[9]」と言います。なかには、卒業生から予期せぬ妊娠や性感染症の相談があったのだとも樋上さんは語っています。そして、課題はそれだけではなかったのです。

〔樋上さん談〕「何より自分に自信のない、自己肯定感の低い生徒が多かったんです。『どうせ自分は』と投げやりだったり、非行に走る生徒、『親に愛されていない』と感じたりしている生徒もいました[10]」

樋上さんは、そのような子どもたちの置かれている状況をふまえて、性教育を進めていたのです。授業がどのようにつくられていくのか、という点に関しては次の章で詳しく見ていきますが、これらの語りからは、樋上さんの子どもたちに向けるまなざしが見て取れます。いま目の前にいる子どもたちに、どのような知識が必要なのか、何を学んで義務教育を終えてほしいのか。子どもたちの発達段階や、子どもたちが生きている社会状況をふまえてつくられたのが樋上さんらの性教育実践であり、この実践が新たなバッシングの対象として狙われたのでした。

二〇一八年のバッシング

二〇一八年に起きたバッシングは、同年三月一六日に、「ここから学習」裁判で違法性が指摘された都議である古賀俊昭さんが、「不適切な性教育の指導がなされている」と東京都議会文教委員会で発言したことに端を発します。この古賀発言に対して、東京都教育委員会が「発達段階に合わない内容」なので「指導する」と（「ここから学習」裁判の判決を無視して）応じ、それを産経新聞が「性交渉『高校生になればＯＫ？』」といった見出しで、あたかも「不適切」な性教育が実践されたかのような印象操作をする記事を出したのです（二〇一八年四月二三日付）。〇〇年代のバッシングのメンバーが再び揃ったことは、大変興味深いことだと思います。

このように、官製性教育元年以降だけでも、三度の性教育への大きなバッシングがあったことになります。しかし、そのなかでも社会を巻き込むほど大きな（かつ深刻な結果を招いた）「バッシング」となったのは、〇〇年代の「ここから学習」に関わるバッシングだけです。もちろん、バッシングの規模が小さければ問題ない、というわけではありません。だからこそ、ここで考えておきたいのは、性教育に対するバッシングが、社会規模でのバッシングになる場合とならない場合の差です。というのも、実は二〇一八年のバッシングは、バッシングの炎が燃え上がるどころか、むしろ現在に続く「性教育ブーム」につながりさえしたからです。そこには、どのような違いがあったのでしょうか。

「性教育バッシング」が「性教育ブーム」につながった？

二〇一八年から始まった「性教育ブーム」について考えてみましょう。足立区立中学校へのバッシングの火種がまかれたとき、九〇年代と〇〇年代にはなかったことが起きたのです。それは、バッシングに対して「それはおかしいのでは？」という声が、SNSを中心にしてあがったことです。また、そうしたSNSでの反応を受けて、同年五月に日本テレビ系ワイドショー「スッキリ」において、番組内アンケートがとられました。そこでは、「中学3年生に『性交・避妊』を詳しく授業するのは『あり？』『なし？』」という二択のアンケートがおこなわれ、結果として「あり」が三万四〇七五人、「なし」は三二七〇人という結果になったといいます。[11] いわゆる読売グループと関連のある保守系メディアが、性教育の必要性を説くことになったのです（そもそもこのアンケートが、性教育の必要性を説こうとするためのアンケートであったのかはわかりませんが）。

結果として、SNSだけでなく、大手マスメディアも性教育の必要性を説いたことが、「バッシング」の苛烈化ではなく、新たな「ブーム」を生み出すことにつながったと考察できます。

実際、二〇一八年に端を発する「ブーム」以降、社会の雰囲気がなんとなく変わった気がする——そのような肌感覚を、私自身得ています。例えば大学では、ジェンダー・セクシュアリティと教育に関わる私の講義や、ジェンダー論に関わる講義を受講する学生の受講理由として、「性教育の必要性」（自分たちが十分に受けられてこなかったことへの不満や批判も含めて）をあげるものが多く見られるようになっています。また、学外での講演でも「性教育について話してください」と、テーマの一つとして先方から提示されることが増えました。これは、二〇一五年に渋谷区と世田谷区で「同性パートナーシップ制度」が始まったのを機に起こった「LGBTブーム」のときと近い状況であると思います。あの当時と同じように、二〇一八年以降も、さまざまな性教育関連書籍を目にする機会が増えましたし、新しい動きとしては、ユーチューブにおいて「性教育チャンネル」といわれるようなアカウントを多く目にするようになりました。

内容はそれこそ玉石混淆（こんこう）ですが、確かにこの状況は「ブーム」といってよいでしょう。そして、このブームは『おうち性教育はじめます』といった書籍に代表されるように、

「おうち」すなわち家庭で性教育を実践しようとする動き（ムーブメント）としても特徴づけられます。[12]

ただ、性教育の歴史研究をしてきた私自身は、この「ブーム」をかなり複雑な思いで捉えています。このブームと表裏一体の関係にある二〇一八年のバッシングが起こった際、田代美江子さんも次のように指摘していました。

> 七生養護学校の性教育がバッシングにさらされたとき、私が最も深刻な問題だととらえていたことは「なぜこんなバッシングがまかり通るのか？」ということであった。今回〔二〇一八年〕はそう簡単には「まかり通って」いないようにも見える。しかし〔「まかり通って」いない理由として〕、上述したそもそもの「常識」が前提にされているようにも見えない〔ここでの「常識」とは、憲法二三条（学問の自由）、旧教育基本法一〇条（新一六条の教育行政に関する記述）を基盤として述べられている、教育は教育当事者である教員、子ども、青年、親たちが自主的に行うべきものであり、教育課程編成も各学校に委ねられているという前提のこと。「教育課程編成」については次章でおさえます〕。だとすれば、産経新聞のような報道の仕方で「過激性教育」というフェイクニュースが先行すれば、人々が簡単に煽られ、「やり過ぎだよね」となる可能性は今もある。今の日本は、教育内容への政治的介入が容易になされてしまうという深刻な状況にあるということだ。[13]

田代さんの指摘は非常に重要だと思います。つまり、バッシングの炎が燃え上がるか否かは、私たち一人ひとりの性と教育、さらには政治に対する認識が関わってくるわけですが、ここでいう「常識」、つまり判断を支える正しい知識がなければ、きたるべきバッシングの勢いを強めてしまう可能性がある、ということです。より具体的にいえば、性教育は、親たちが自主的におこなうものであると同時に、（当然ながら）学校や教員、さらには子ども、青年たちもまた、主体的な実践者として参加する営みである、ということです。性教育とは、教育実践がおこなわれる環境としてのこの社会の在り方の影響を強く受けながら積み重ねられていくものである——。

そう考えると、九〇年代の性教協に対するバッシングが、ブームの側にふれなかったどころか、後世においてバッシングとしての認識さえされていないことの意味が見えてくると思います。つまり、九〇年代のバッシングは、あくまで性教協という一団体の問題であると、矮小化されて捉えられてきたのではないでしょうか。当時、社会全体が性教協に対するバッシングを傍観してしまった、あるいは、その被害を矮小化して捉えてしまった。そのために、消えることなくくすぶり続けた火種が、〇〇年代の「ここから学習」事件でさらに大きく燃え盛ることになったのです。

燃え盛ったその火が簡単に消えなかったことは、歴史が悲しく証明しています。簡単に消えなかったどころではなく、その後、性教育自体が日本ではやりづらくなるような状況をも生み出したのですから。「性教育の空白期間」という言葉は、このような状況を捉えた言葉としては適切かもしれません。実践していた人たちは確かに存在していた、けれども実践しづらくなったという意味では、まさに「空白」だったのです。

皮肉にも、二〇一八年のバッシングが今日に続く「性教育ブーム」につながったのは、この「焼野原」状態に危機感を覚える人びとが、じぶんごととして声をあげたからだと、私は現時点では考察しています。そして、「危機感」を覚えて声をあげたのは、教師はもちろんのこと、市井の人びとだったのではないでしょうか。そのことが、今日の「おうち性教育ブーム」に続くのだと考えます。「学校教育でだめなら、家でやらなきゃ」と。

性教育がなされる場が広がっていくことは、さまざまな人の性の権利を保障することにつながるでしょう。ただし、学校教育で性教育ができない**ならば**家庭でやればよいと、学校教育での性教育実践を諦めてしまったとしたら、「おうち性教育ブーム」が学校教育における性教育を実践させ**ない**理由として使われかねません。そうなっては本末転倒です。このようなブームとバッシングの関係については、終章で改めて整理してみたいと思います。

「ブーム」に終わらせないために

さて、このようなバッシングの歴史を考えるたびに、私はある文章を思い出します。それは、伊丹万作さんの「戦争責任者の問題」です。

さて、多くの人が、今度の戦争でだまされていたという。みながみな口を揃えてだまされていたという。私の知っている範囲ではおれがだましたのだといった人間はまだ一人もいない。ここらあたりから、もうぼつぼつわからなくなってくる。〔中略〕

つまりだますものだけでは戦争は起らない。だますものとだまされるものとがそろわなければ戦争は起らないということになると、戦争の責任もまた（たとえ軽重の差はあるにしても）当然両方にあるものと考えるほかはないのである。

そしてだまされたものの罪は、ただ単にだまされたという事実そのものの中にあるのではなく、あんなにも造作なくだまされるほど批判力を失い、思考力を失い、信念を失い、家畜的な盲従に自己の一切をゆだねるようになってしまっていた国民全体の文化的無気力、無自覚、無反省、無責任などが悪の本体なのである。[14]

この「戦争」という部分を「性教育バッシング」と言い換えてみるとどうでしょう。まさに、一九九〇年代からのバッシングに対する、私を含めたこの社会を生きている人たちへの警鐘になっていないでしょうか。

特に、本書のなかで何度か「連累（インプリケーション）」という言葉を用いてきましたが、私自身がじぶんごととして九〇年代当時のことを考えて生きていきたいと思うのは、まさに「家畜的な盲従に自己の一切をゆだねる」ことのないようにしたいからです。

戦争とバッシングを並べるなど、不謹慎だし大仰（おおぎょう）であると考える方もいるかもしれません。はたしてそうでしょうか。セクシュアリティは人間の核に据えられるものだということは、すでに確認したことです。そのような人間の核について学びを深める性教育を停滞させ、あげく攻撃まで加えたことは、介入した国家や、実践に関わった教師だけの問題ではもはやないはずです。

いま目の前にある性教育ブームを単なる「ブーム」として終わらせないために必要なのは、性と教育と政治について、日常から目を光らせておくことなのではないか、と私は考えます。そして、自分自身とその対象――ここでは性教育「ブーム」、あるいは性教育「バッシング」――を結びつけて、それを社会の問題として議論すること。その出発点となる「結びつき」を意識するためにも、私たちは本章で確認してきような、現在につながる性教育バッシングの歴史を知る必要があったのです。

1 浅井春夫編著『時代と子どものニーズに応える性教育――統一協会の「新純潔教育」総批判』あゆみ出版、一九九三年、三 - 四頁

2 田代美江子さんは、「日本教育史における「セクシュアリティと教育」研究の課題と展望」（『日本教育史研究』二三号、日本教育史研究会、二〇〇四年、六九 - 八八頁）のなかで、日本教育史研究は「性のタブー視」という課題を抱えてきたことを指摘しています。それは、教育という営みのなかで、セクシュアリティと見なされる知や言説が抑圧され、十分な史資料が産出されにくいという指摘に関わるものです。これに加え、「性のタブー視」が教育史におけるセクシュアリティ研究自体をタブー視することにつながっているという、「二重の抑圧」があるということを指摘しています

3 日本性教育協会編『日本性教育協会50年史』二〇二二年、二〇二頁

4 「広瀬裕子のホームへようこそ」HP掲載「対談　性教育行政と現場――『バッシング』の中で考える」より（http://silverfox2211.sakura.ne.jp/work-j/20069.pdf）。最終アクセス日：二〇二三年三月一七日。なお、このPDFのタイトルに「2006.9」とあり、二〇〇六年の九月におこなわれた（あるいはまとめられた）ことが推察されます

5 記述が削除された背景には、特定非営利活動法人動くゲイとレズビアンの会（現：アカー）による働きかけがありました。文部省『生徒の問題行動に関する基礎資料』では、同性愛は「性的非行」の一

つとして扱われ、「異性愛の発達を阻害する恐れがあり、健全な社会道徳に反し、現代社会にあっても是認されるものではないであろう」と記述されています。それに対して改訂を申し入れ、一九九三年に文部省は見解を見直すことを表明します。性的マイノリティによる社会運動と教育との関係については、堀川修平『気づく立ちあがる育てる』が詳しいです

6 日高庸晴「思春期・青年期のセクシュアルマイノリティの生きづらさの理解と教員および心理職による支援」『精神科治療学』三一巻五号、二〇一六年。日高庸晴「思春期青年期に配慮が必要なセクシュアルマイノリティ」『教育と医学』六三巻一〇号、二〇一五年

7 アウティングが含まれている背景には、「一橋大学アウティング事件」があります。この事件と一連の裁判に関しては、松岡宗嗣『あいつゲイだって――アウティングはなぜ問題なのか？』柏書房、二〇二一年が詳しいです

8 岡本耀「ヤフーニュースオリジナル特集「きちんと教えてこなかった大人の責任」――性を教え続けた公立中教諭の抱く危機感【#性教育の現場から】」二〇二二年一二月六日（https://news.yahoo.co.jp/articles/ef7fdfd0c278e741aa44bd3ca39b372e08ad533f）。最終アクセス日：二〇二三年五月一日

9 樋上典子＋艮香織＋田代美江子＋渡辺大輔『思春期の子どもたちに「性の学び」を届けたい！実践包括的性教育――『国際セクシュアリティ教育ガイダンス』を活かす』エイデル研究所、二〇二二年、一〇頁。同書には、二〇一三年の「ここから裁判」の全面勝訴が大きな自信となり、この実践本の土台となったという旨が書かれており、その点は重要です（一〇頁）。また、サブタイトルからして、『ガイダンス』が意識されている点にも着目すべきでしょう（一六‐一七頁）

10 岡本前掲記事

11 水野哲夫『性の学びが未来を拓く――大東学園高校　総合「性と生」の26年』エイデル研究所、二〇

二三年

12　昨今の「性教育本ブーム」については、例えば以下の記事がまとめている。古川雅子（ふるかわまさこ）＋Yahoo! ニュース特集編集部「今年だけで10冊以上、「性教育本」が出版ブーム　背景にある教育への不安」『Yahoo! ニュース』二〇二〇年一二月二二日（https://news.yahoo.co.jp/feature/1867/）。最終アクセス日：二〇二三年五月一日

13　田代美江子「中絶や避妊、性交を扱う性教育は「不適切」か――教育内容への政治的介入は許されない」『論座』二〇一八年四月二五日（https://webronza.asahi.com/culture/articles/2018042400008.html）。最終アクセス日：二〇二三年五月一日

14　伊丹万作「戦争責任者の問題」『伊丹万作全集1』筑摩書房、一九六一年

第五章

「性の多様性」を教育の場でどう取り扱うか？

授業はどのようにつくられるのか？

ここまでは、性教育（バッシング）全般について、その歴史をひもときながら、いまにつながるかたちで整理してきました。ここからは、性教育のなかでも特に「性の多様性」に関わる実践に着目していきたいと思います。

本章で見ていくとおり、日本の学校教育のなかで、性の多様性を取り扱うようになったのは、ここ数年に始まるわけではありません。一九八〇年代後半にはすでに、性の多様性のなかでも「同性愛」・「異性愛」という性的指向に着目した性教育実践がおこなわれていました。しかし、それが立ち行かなくなります。その背景にあったのが、すでに確認した九〇年代に始まり〇〇年代に激しく燃え盛ったバッシングの存在だったのです。

さて、性の多様性を学校教育で取り扱うといったとき、一つの舞台として真っ先に思い浮かぶのは、「授業」ではないでしょうか（もちろん、第二章で触れたように、授業外での学びの機会もあるわけですが）。

そもそも、この「授業」というものは、どのようにつくられているのでしょうか。前章で紹介した田代美江子さんの論稿に「教育課程編成」という言葉も出てきましたが、それに関わる内容を、まずはおさえておきましょう。学校教育現場の「常識」が、必ずしも社会の一般常識として共有されているとは限りませんので。

現在の日本には、「学習指導要領」と呼ばれるものがあります。教育課程（カリキュラム）――教育の目的・目標を達成するための教育計画――は教育行政によって定められているのですが、そのような教育計画の基準となっているのが、学習指導要領です。

学習指導要領は、教師が授業をつくるうえでの「大綱的基準」とされており、基本的には学習指導要領に掲載されている内容は、最低限実践することになっています。つまり、みなさん一度は手にしたことがあるであろう「教科書」は、この学習指導要領に沿って教科書会社がそれぞれ作成している「教具」（教えることを手助けする道具）である、ということになります。

学習指導要領には、その時代に国家が学校教育を通してどのような国民を育てていきたいのか、という意思が強く反映されるものです。[1] そのような意味で、「国民形成の設計書」（水原克敏（みずはらかつとし））とも呼ばれています。[2]

ただし、学習指導要領の法的拘束力に関しては、さまざまな議論がなされてきており、教育の専門家である教師がどこまで拘束されるのかは明確ではありません。学習指導要領自体は、「告示」（国民へのお知らせ）であって、法律ではないためです。

そもそも、教育の内容は誰が決めるのか。教育学では「国家の教育権」と「国民の教育権」という二つの説のもと、これらのことが議論されてきました。

「国家の教育権」説とは、教育の内容は国家が決めるという立場です。教育は国家の政策であるから、国会が法律によって教育内容や方法をすべて決める、ということになります（ただし、国会がすべてを決めることは難しいので、多くの場合は政権与党の関係者が大臣となる文科省に委ねることになっています）。

一方で、「国民の教育権」説とは、教育は国民から教育の専門家である教師に委ねられたものであり、教師が子どもに合わせた教育内容や方法を選択して決定していく、という立場です。

「国家の教育権」説に立てば、学習指導要領は非常に強い拘束力のあるものとして捉えられるわけで、「国民の教育権」説に立てば、学習指導要領はあくまでも「手引き」に過ぎないということになります。

そして、いずれの説にも問題があります。例えば、国家の教育権説では、政権与党の意向がかなりの割合で反映されやすくなることがわかるかと思います（「性教育は学習指導要領に掲載されていないから実践させない」というバッシングは、こちらの立場に立つからこそ起きるものです）。この説は、性教育に限らず、日本軍「慰安婦」問題や戦争責任について取り扱う社会科にも（現在進行形で）大きな影響を与えています。

国民の教育権説にも問題がないわけではありません。教育の内容が教師たちにすべて委ねられるということになると、先生ごと、あるいは学校ごとに、大きな差が出てくる可能性があります。

学校教育をどのような計画のもとでどのように進めていくのか、という点は、さまざまな判例も含めて議論がなされている状況です。[3] いずれにせよ、議論が深められているのと同時並行で、学校教育現場では日々、さまざまな教育実践が積み重ねられています。いま目の前にいる子どもたちは、議論が深まり結論が出るのを、待ってはくれないからです。

ここでもう一つ確認しておきたいのは、教師を育てる研究者も一枚岩ではなくさまざまな学説に立っており、教職経験の有無などによっても立場はいろいろある、ということです。上意下達の教育実践を好む人もいれば、下からつくりあげていく教育実践を好む人もいるでしょう。そして、教育に携わるその研究者たちの人間観・教育観が、教員養成に関わる講義内容に反映されることは言うまでもなりません。ですので、どのような教育過程を経るかによって――誰から教育（学）を教えてもらって教師になるかによって――教師の実践も変化していくことになります。

当然、学習指導要領を大綱的基準としながらも、目の前の子どもたちに沿って教育内容を創意工夫している教師たちが存在しますし、あくまで学習指導要領に忠実に授業をこなすタイプの教師も存在するでしょう。

私としては、前者の立場で教育実践を続けてきた／いる教師たちを応援したいと思って研究をしています。事実、以降で見ていくような民間教育研究団体に参加した教師たちの多くが、パッケージ化され、画一化された教材・教具ではなく、目の前の子どもの現実を出発点とした教育実践を試みてきたのです。

しかし、みなさんもニュースなどでご存じかもしれませんが、「教師の多忙化」の弊害などもあり、教材・教具を練る時間が取れない教師が、今日では増えてきています。だからといって、そのような状況に置かれている教師がみな、画一化された教材・教具を利用しているわけでもありません。現役の教師たちも、できること、チャレンジしたいことから教育実践を始めているのです。

本章では、そんな教師たちの「チャレンジ」の歴史も描けたらと思います。

〝人間と性〟教育研究協議会の誕生

そのためにも、日本性教育史を語るうえで欠かせない存在である、「性教協」の歴史をさらってみましょう。性教協こそ、性教育実践を広げ、深めた組織だからです。

性教協は、教師を中心とした民間教育研究団体であり、より具体的にいうと、日本私学教育研究所の性教育部会に所属する教師たちによって立ち上げられました。性教協の設立発起人である山本直英さん（吉祥女子高校）や窪田務さん（関東高校〔現：聖徳学園高校〕）、村瀬幸浩さん（和光高校）は、私学に勤務し、その勤務校でそれぞれ性教育実践に取り組んでいました。

村瀬さんによれば、山本さんの勤務していた吉祥女子高校では、一九六八年から、社会科や保健体育科などの複数の教科チームによる、学校ぐるみの性教育実践がおこなわれていたそうです。また、関東高校に勤めていた英語科教師の窪田さんは、特別教育として、一九八一年段階で、高校二年生に年間二六時間におよぶ性教育実践を、職員全体の了解のもとで展開していたといいます。同様に、村瀬さんは総合学習における性教育である「人間と性」を、和光高校で始めていました。これら私学におけるそれぞれの性教育実践が、点と点とがつながるようなかたちで組織化されていったのが性教協であったことを、まずおさえておきましょう。

この性教協は、一九八二年に八九名の会員数でスタートしますが、一九八九年にはほぼ一〇倍の七九〇名に増加しています。所属していた会員も、私立学校勤務の教師だけでなく、国公立学校の教師や社会教育主事、助産師や産婦人科など、さまざまな校種・職種に広がっていきましたし、全国各地にある学校の教師たちにも広がっていきました。例えば、性教協設立から間もなく立ち上げられた「石川サークル」（一九八三年）や「岡山サークル」（一九八四年）などがあげられます。

会員数や規模の広がりは、当時、性教育実践の必要性を多くの教師たちが実感していたということの証左でしょう。なお、ここでいう「サークル」とは、会員同士の学び合いの場のことを指します。会員は、自分自身が所属する地域や、職種、当事者性に関わる「サークル」に所属することができます。「性教育実践をするうえで、何について学ぶ必要があるのか」を学び合うのが、サークルなのです。

「同性愛プロジェクト」の発足

性教協には、「サークル」と呼ばれる組織以外に「プロジェクト」と呼ばれる研究組織が必要に応じてつくられていました。プロジェクトでは、主に性教育実践に関わる理論を研究・検討し、実践が創造されます。このプロジェクトの一つとして、性の多様性に関わる「同性愛プロジェクト」が、一九八八年から一九九一年まで存在していました。

「同性愛プロジェクト」とは、一九八七年に性教協が主催しておこなった「アメリカ性教育研修旅行」に参加した木谷麦子（きたにむぎこ）さんという教師が、性的マイノリティ、とりわけ同性愛者との出会いに衝撃を受けたことをきっかけに組織化したプロジェクトです。

木谷さんは、プロジェクト設立当初に、次のように語っています。

「『新しい』といってもある意味ではちっとも新しくない。同性愛者はずっといたのだから。そう、私達の生徒たちの中にも、そして同僚や友人の中にも。ただ、異性愛者にとってそれが死角であったり、誤った認識や偏見でかたづけてきてしまったものであったりしただけだ[4]」

このような意識のあった木谷さんと、木谷さんの思いに同調した貴志泉（きしいずみ）さん、原田瑠美（はらだるみ）

子さんら数人の教師が中心となって、同性愛プロジェクトの活動は進められました。

この同性愛プロジェクトについては、私の前著『気づく 立ちあがる 育てる』に詳しく書いていますし、私自身が非常に大切に思っている活動であったので、さまざまなところで語っています。ただ、一つ興味深いのは、この話をすると、担った教師たちが同性愛当事者であったと考える方が少なくないのです。当事者だから、自分に関わる問題に取り組んだだけのことだろう、と。

しかし、かれらは、性的マイノリティ当事者ではありませんでした。むしろ、当事者のことを「誤った認識や偏見でかたづけてき」てしまった、非当事者だったのです。

そう、非当事者である木谷さんたちは、積極的に当事者たちと連帯しながら、ときに無自覚な差別性を批判されつつも、その批判を真摯に受けとめながら、「性の多様性」を考える性教育実践をつくっていったのです。

「無自覚な差別性」に寄せられた批判

実は、『気づく 立ちあがる 育てる』を執筆したときに、私自身も反省しながら向き合った箇所が、この「無自覚な差別性への批判」に関わる点でした。

基本、授業をつくるとき、特に学習指導要領を超えた内容をあえて実践しようとする際、そこには教師の強い課題意識が働くものだと私は考えています。「性の多様性」に関する内容をあえて取り扱うのは、教師が子どもたちにその内容を伝えたいと強く願っているためでしょう。それは、目の前の子どもたちのなかにも性の多様性に関わって悩んでいる子どもがいるかもしれない、という認識の表れなのだと思いますし、あるいは、子どもたちが性の多様性に関わる差別をしないような人間に育ってほしいという願いでもあるのだと思います。同性愛プロジェクトもまた、活動の初期からそのような思いを持って実践をおこなっていました。

同性愛プロジェクトの教師たちは、性教育実践のなかで同性愛/同性愛者を対象として取り扱うためにも、まずは、学校教育現場における現状把握が必要であると考えました。このようなねらいのもとで、かれらは、一九八九年の全国夏期セミナーでの分科会発表に向けて、「同性愛プロジェクト」名義でアンケート調査を実施しています。

アンケートの項目には、例えば次のような設問がありました。「あなたは『同性愛』に関するどんな言葉を知っていますか」、「あなたは『同性愛』からどんなイメージを連想しますか」——。自由回答を含む二〇ある選択肢のなかには、「憧れている」「人権問題である」「同性愛がいても自然なことだと思う」という選択肢のほかに、「異常だと思う」「嫌悪感を持つ」といった選択肢も用意されていました。

この「異常だと思う」のような一見差別的な選択肢は、実際に教師たちの目の前にいる子どもたちが日常的に発言するものであったといいます。そのような差別的な認識を子どもたちが持っていることを、まずデータで示したいというねらいがあったのです。そうやって現状を正確に把握したうえで、差別的な発言をしてしまう生徒たちとも関わり合いながら、そうした認識を持ってしまう自分自身について考える機会をつくることが重要であるのだと、かれらは考えていました。

しかし、同性愛プロジェクトがおこなったこの教材づくりのためのアンケートが、まさに当事者たちから批判されたのです。

〔前略〕木谷さん、「同性愛プロジェクト」の皆さん。同性愛のことを真剣にやるなら、もっともっと人権感覚を磨いてください！日常の中でイマジネーションを働かせて下さい！判断できない時は相談する、これも人権感覚の一つです。[5]〔後略〕

このように名指しされた木谷さんは、そもそもアンケートを配布する前に、内容の確認も含めておこなわなければならなかったこと、また、選択肢の内容が子どもたちの認識をふまえたものであったとしても、差別的な認識を取り扱うときには、その選択肢の順番を工夫する必要があったことなど、考えるべきことは複数あったのだと、『気づく 立ちあがる 育てる』やその前提となった私の博士論文のインタビューで答えてくださいました。

このような無自覚な差別性を指摘されたとき、しかも、そこで指摘された内容が「よかれと思って」おこなっていたものであったとき、私であったらどのように振る舞っただろうか……。差別について学ぶ前の私であったら、「せっかく取り上げてあげたのに、そんなふうに反応されるのならば、もうやめてしまおう」などと考えたかもしれません。事実、「可哀想なマイノリティ」に対しては施しとして差別に関する是正がなされることがあります。だからこそ、マイノリティが自身の権利を主張してきたとたん、「生意気だ」と反応する人は少なくありません。

しかし、同性愛プロジェクトの教師たちは、そのような対応をしませんでした。批判を受けたのち、さまざまな同性愛者と対話しながら、実践に磨きをかけていったのです。その様子は前著に詳しく記述しましたので、ここでは細かい説明は割愛します。とにかくここで重要なのは、かれらが批判を真正面から受けとめ、自分たちの立場性を問い直す機会にしていったことでしょう。

性的マイノリティ「を」教えるのではなく、かれら「から」自分を問い直す

こうして、同性愛プロジェクトによってなされた性教育実践は、性的マイノリティ当事者であるかれらに対して、かれらが生きづらいと考えているこの社会や学校に順応することを求めるものではなく、かれらを生きづらくしているわたしたちの差別性とわたしたちがつくっているこの社会自体を問い直す実践となっていきました。つまり、同性愛という概念を通して、異性愛中心の既存の教育実践を問うたのです。

なお、同性愛プロジェクトは、一九九一年に発展的に解消されます。その背景には、のちほど見るような性教協内における認識の広がりを果たすことができたから、ということがありました。

同性愛プロジェクトは、その名のとおり「同性愛」・「異性愛」という性的指向の一つに着目して、そこにある権力関係を問いました。それでは、性教協内で、性的指向以外の「性自認・性同一性」や身体的特徴の多様性はどのように扱われていたのでしょうか。それらはそもそも扱われたのでしょうか。実は、そんなご指摘を、前著の刊行後に複数いただきました。この点に関して、一九九〇年代初頭の同性愛プロジェクト解消後にまったく

展開がなかったかというと、そうではありません。

このことを検証するためにも、「同性愛プロジェクト」以降にかれらの所属した性教協において、性の多様性に関する実践がどのように積み重ねられていったのかを見ていきたいと思います。ここでは、性教協で毎年おこなわれている「全国夏期セミナー」というイベントに着目してみます。

四〇年の歩みのなかで

一九八二年に設立された性教協では、設立年である一九八二年から今日にかけて四〇年間、毎年七月末か八月上旬に「全国夏期セミナー」（以下、「セミナー」）が催されてきました。[6] このセミナーは、性教協の一年間の活動で一番大きなイベントです。会員が、それぞれに所属するサークルが練り上げた性教育実践を披露・検討する「模擬授業」や、性教育実践を支えるための理論を学び合う場としての「分科会」などが企画されています。

このような模擬授業・分科会等[7]に着目して、「性の多様性」に関する性教育実践がどのように展開されてきたのかを考察してみましょう。

まず確認しておきたいのは、四〇年間にわたっておこなわれてきたセミナーの基本的なデータについてです。参加者数とそこでおこなわれた模擬授業・分科会等の数を集計してグラフにしたものが〔図表5-1〕となります。このグラフの件数を合算してみると、これまでのべ三万四〇四五人がセミナーに参加し、そこで一二四九件の模擬授業・分科会等が企画されたことがわかります。

第一回(一九八二年)に五三人の参加者で三件の模擬授業・分科会等で始まったセミナーは、第一〇回(一九九一年)には、一七〇〇人の参加者、三三件の模擬授業・分科会等が催されるまでになっています。そして、過去最高の参加者数となったのは、第一五回(一九九六年)の一九三八人であり、この回では模擬授業・分科会等も過去最高の五一件を記録しています(なお、模擬授業・分科会等については、二〇〇一年におこなわれた第二〇回大会と同数一位でした)。

それでは、これらセミナーでは、性の多様性について、何がどのように取り扱われてきたのでしょうか。一五六~一五七頁の〔図表5-2〕にまとめてみました。

同性愛プロジェクトのメンバーらによって、一九八九年に初めて「性の多様性」に関する話題が取り上げられたのちは、二〇二一年までほぼ毎年取り扱われていることがわかります。合計すると、これまで模擬授業・分科会等で六八件の「性の多様性」に関する実践が検討されてきたということになります。二〇一〇年代に入って立て続けに文科省などか

図表5-1　性教協全国夏期セミナー模擬授業・分科会等の件数と各回参加者数

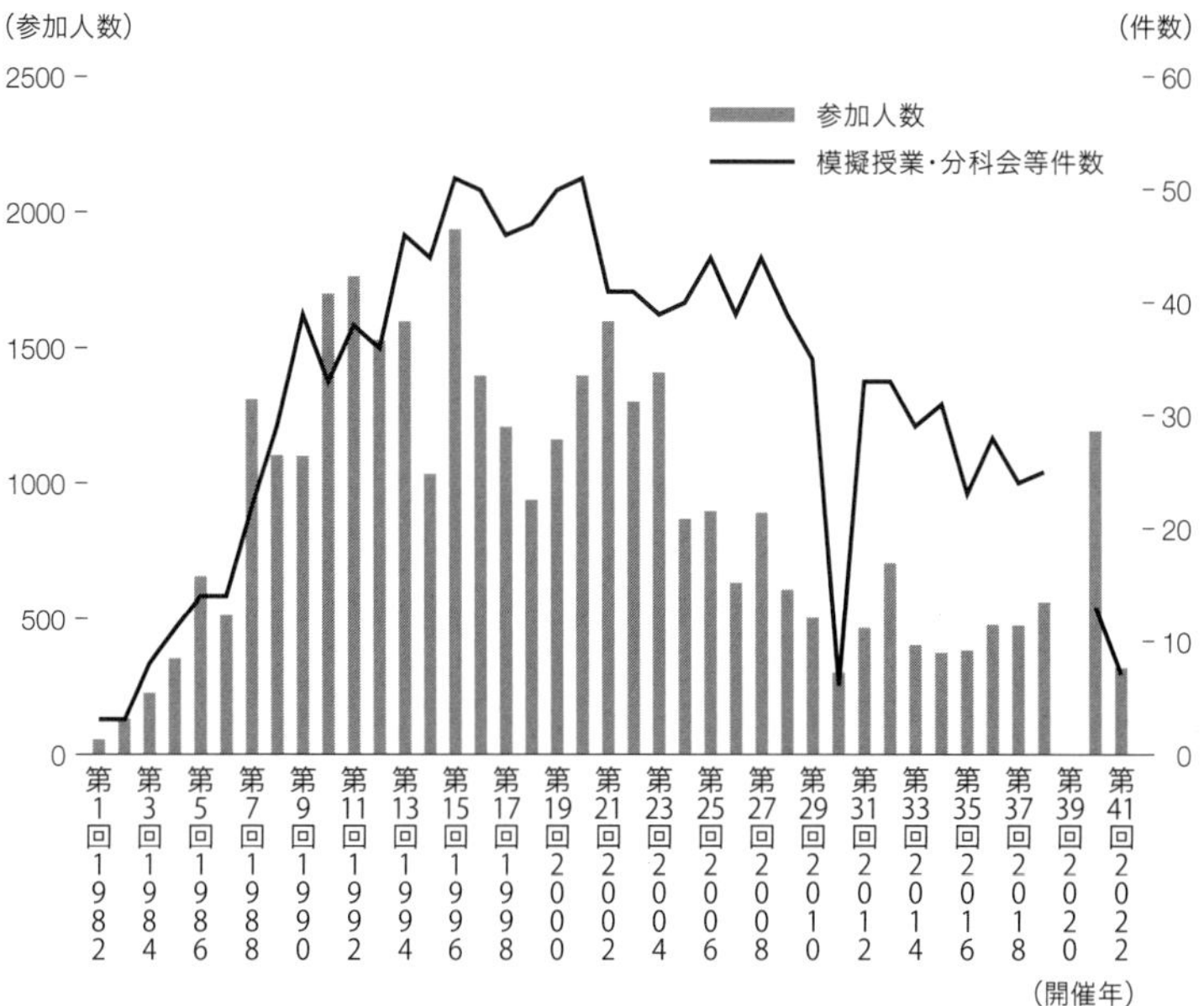

性教協夏期セミナー資料集(第4回、7-8回、10-13回、15回、18-40回)、『月刊生徒指導』性教協夏期セミナー増刊号(学事出版、1983-2001年)、性教協会員会報『"人間と性"』第1号(1982年4月号)から379号(2023年1月号)をもとに筆者作成

ら出された「通知」以前から、すでにこれだけの数の実践が取り組まれていたのです。

タイトルだけを見てもわかるように、同性愛（者）との関係性への着目がなされたのち、一九九六年以降には性自認に関わって生きづらい思いをしているトランスジェンダーに着目の範囲が広がっています。あるいは、一九九七年以降には、身体の性別が「典型的ではない」ということで生きづらい思いをしている「インターセックス」「DSDs（Differences of Sex Development：身体の性別のさまざまな発達）」とも積極的に関わりながら、その都度、自分たちの「性のあり方」に対する認識を捉え直していったことがうかがえます。

なお、「模擬授業」や「分科会」での発表内容は、基本的にはすでに学校のなかでおこなわれたもの、あるいはそれを各サークルのなかで練り直したものでした。

このように、一九八〇年代後半から「性の多様性」に関する教育実践に取り組んできた性教協会員の教師たちは、その実践のなかで何に気づき、どのような学びを深めていったのでしょうか。その内実についても、見ていきたいと思います。

年	件数	掲載された実践名
2007	1	多様なセクシュアリティ(B)
2008	2	多様な性 ── 性的違和感を知る(分) あなたはあなたでいいんだよ ── 性の多様性をとおして(分)
2009	1	多様なセクシュアリティ ── レズビアンカップルから見た日常・教育(分)
2010	4	「多様なセクシュアリティ」の授業をやってみよう！(中) 性同一性障害をめぐる誤解(F) 性同一性障害から性を考える(分) もっと聴いて、知って！セクシュアルマイノリティを(分)
2011	1	性同一性障害と学校(分)
2012	1	割り切れなさを生きる ── 性分化疾患／インターセックス(分)
2013	3	多様な性のあり方を考える(高) トランスジェンダー生徒交流会からの発信(L) 知って！解って！LGBTのこと(分)
2014	2	多様な性(小高) 性別って何？(高)
2015	3	多様な性(小) 「多様な性」の学習作りのために指導者が知っておきたい基本の「き」(分) 同性愛や性別違和の理解をどう進めるか(分)
2016	1	性の多様性を学ぶ(小)
2017	3	多様性が大切にされるために(高) “レインボーぎふ”から生まれた紙芝居(分) 多様な性の基本のき～「きめ細やかな対応」のために～(分)
2018	4	共に生きる～性の多様性を見つめよう～(中) 「性の多様性」という視点で見えるいろいろなこと(分) 性の多様性を考える3つの授業(分) 一人ひとりが特別なんだ～性の多様性と人権～(分)
2019	3	広島発多様な性Part2　いろいろな　“私たちの性”(小) 広島発多様な性Part1　なんでスカートはいちゃいけんのん！～自分らしく生きる(分) 性的少数者の子どもたちの実態と支援～教員として当事者としての提言～(分)
2020	1	模擬授業「性」って何？～性の多様性を考える学習～(中)
2021	2	「こころもからだもいろいろ、彩り豊かでええじゃん！」ってどうゆうこと!?(分) 性の多様性を巡る日本社会の変化とこれからの課題(L)

カッコ内には、模擬授業の場合は校種を、それ以外の場合は以下のとおりに記載した。分科会＝分、ティーチイン＝T、ビギナー講座＝B、あなたにフィットプログラム＝F、ランチタイムセミナー＝L。性教協夏期セミナー資料集(第4回、7-8回、10-13回、15回、18-40回)、『月刊生徒指導』性教協夏期セミナー増刊号(学事出版、1983-2001年)、性教協会員会報『“人間と性”』第1号(1982年4月号)から379号(2023年1月号)をもとに筆者作成

図表5-2　性教協全国夏期セミナーにおける「性の多様性」に関する模擬授業・分科会等

年	件数	掲載された実践名
1989	1	同性愛は性教育のタブーか(分)
1990	1	同性愛と「私」── 自分のセクシュアリティを問い直す(分)
1991	2	同性愛 ──「わたし」からの視点(T) 多様な性の中で共生できますか ── 同性愛からの視点(分)
1993	1	同性のカップルも素敵 ── 人権としての同性愛(分)
1994	1	「私」と「あなた」の距離 ── 他人事としての同性愛(分)
1995	1	さまざまなセクシュアリティ ── 同性愛、そして……(分)
1996	5	いろんな性があるよ(小高) 同性愛でもええやんか(中) 自分探し ── 同性愛、異性愛、そして…(高) わたしも“ヘンタイ”？ ── トランス・ジェンダーの視点から(T) 同性愛ってなあに？セクシュアルオリエンテーションを考える(分)
1997	5	いろいろな性があるよ(小高) ～さんが好き！どうしよう ── 同性愛を考える(中) インターセックスチルドレン ── 半陰陽児(T) さまざまなセクシュアリティを知る ── 人間の存在をより豊かに捉える(B) 同性愛ってなあに(分)
1998	2	恋する心 ── 同性愛もあるよ(中) 同性愛者から見た学校教育・性教育(分)
1999	3	自分らしく ── さまざまな性と生(小高) 恋する心・性的指向(中) 同性愛ってなあに？(分)
2000	5	恋する心 ── 異性愛も同性愛も(中) さまざまな家族像を考える ── 家族・多様なセクシュアリティ(中) さまざまな「性」と「人権」(高) あなたはどうして異性が好きなのですか？(分) 性のグラデーション ──「第三の性」を授業化しませんか(分)
2001	3	いろいろな性 ── 性のグラデーション(小高) 多様なセクシュアリティ ── 同性愛(高) セクシュアリティはいろいろ(分)
2002	1	多様なセクシュアリティ(分)
2003	2	大学生の性教育 ── 性の多様性概論(T) 若者同士で語り合う多様な性と生(分)
2004	1	性の多様性を考える(高)
2006	2	セクシュアルマイノリティからのビギナー講座(B) 多様な性と生 ── ジェンダーとファッション(分)

「トイレ探検で『さまざまな性』を学ぶ」——星野恵実践

まず見てみたいのは、「トイレ探検で『さまざまな性』を学ぶ」という実践です。

これは、当時埼玉県の小学校で教師をしていた星野恵(ほしのめぐみ)さんによってつくられたものです。〔図表5-3〕は、「授業案」の「授業の展開」と呼ばれる部分をまとめたものになります。教育関係者以外にはなかなか見慣れない図表かもしれませんので、簡単な説明を加えます。

授業というものは、原則的にいえば、目の前にいる学習者(子どもたち)の反応を見ながら進めていくものではありますが、それは「気まぐれ」におこなうものでもなければ、教科書をとりあえず読み進めるというものでもありません。教師は、「教材研究」という言葉があるように、そこで取り扱う教育内容についてどのように教えたら効果的か、あるいは、どのような内容を展開したらよいのかを、事前に検討してから授業に臨みます。

ですから、一時間の授業をどのような流れ(導入・展開・まとめ)で進めるのかを考えたり、複数時間かけて一つのテーマを掘り下げる場合は、一回あたりの授業で何を取り扱うのかを検討したりしておくのです。つまり、授業の「設計図」にあたるものが、〔図表5-3〕の「授業案」なのです。

図表5-3　星野実践の概略

	学習内容
一時間目	**トイレについて、トイレ探検をしよう** ・調べ学習をとおして、トイレがさまざまな施設(学校、家、公園、駅など)にあることを読み取らせる。 ・トイレの利用目的が、おむつ替えの場、また、安心できる居場所であること、考え事や「叱られて悔し泣き」をするような一人になれる空間であることに気づかせる。
二時間目	**トイレ探検の発表、1枚の写真から** ・児童たちに調べさせた「トイレ」について発表させる。その際、どのような観点に着目して調べたのか(マークやトイレの工夫)について説明するよう促す。 ・授業者が調べてきた東京ウィメンズプラザのトイレ(扉に「女性・男性を問わずご利用できます」とステッカーが貼られている)を子どもたちに見せ、なぜこのようなステッカーが表示されているのかを考えさせる。 ・このステッカーを要望したトランスジェンダーの要望書を通して、性の多様性を理解させる。 ・「からだの性」が「典型」的ではないマイノリティとして、インターセックスについて伝える。
三時間目	**もっと知りたいこと** ・知りたいことを記入させる。 ・学びの感想を共有させる。 ・「理想的なトイレを設計する」ことをテーマにこれまでの学びを表現させる。

星野恵(2000)、48-53頁をもとに筆者作成

この「星野実践」は、七生養護学校性教育事件が起こる数年前の二〇〇〇年に考えられたものです。先に見たように、このころは性教育自体が追い風を受けて実施されていた時期でもありましたし、学校教育において新たに「総合的な学習の時間」が導入されようとしていた時代でもありました。そうした時代背景もふまえながら、その内容を見ていきましょう。

「総合的な学習の時間」とは？

「総合的な学習の時間」（以下、「総合的な学習」）――読者のなかには学校でそのような授業を受けた記憶がない、という方もいるかと思います。それもそのはず。この「総合的な学習」は、一九九八年に教育課程審議会が提出した答申「1．教育課程の基準の改善の方針――2　各学校段階等を通じる教育課程の編成及び授業時数等の枠組み――（2）『総合的な学習の時間』」を受けて創設された教育活動であるためです。

みなさんにとってなじみ深い表現でいえば、「ゆとり教育」という言葉になるでしょう。中央教育審議会が一九九五年に答申した「子供に［生きる力］と［ゆとり］を」は、いわゆる「詰め込み教育」というかたちではない教育課程（カリキュラム）を編成するきっかけとなった答申です。このなかで議論されていったのが、「総合的な学習」でした。

教科と呼ばれる国語科や算数科のように「〇〇科」という名称ではないのは、この「総合的な学習」が教科として位置づけられていないことを表しています。その名のとおり、子どもたちが、自分たちの身のまわりにあるさまざまな社会問題や課題について、じぶんごととして考えるようになるために総合的な問題解決能力を養うことが、この教育活動の核に据えられています。

そのため、この教育活動においては、各学校が目の前に存在している子どもたちに沿って、あるいは、子どもたちが生活する地域の課題などをふまえながら、独自に目的や目標を設定することが可能です。つまり、ほかの教科に比べて、内容の自由度も高い教育活動になっています。ゆえにこれらは、教科をまたいだ〝横断的な学習〟の時間とされ、各教科との連携も意識されており、昨今では国際理解教育や情報教育、環境教育、福祉教育、健康教育、キャリア教育などの場としても用いられています。

ですので、今日においてもこの「総合的な学習」を用いて性教育を実践している学校は少なくありません。このような「総合的な学習」が導入されようとした二〇〇〇年代初頭につくられた星野実践では、総合的な学習の時間でおこなうことを前提としながらも、『総合学習』の時間が確保されていない現段階では十分な時間が保障されていないため、家庭科の『住まいかたの学習』の延長で二時間、保健体育の時間で一時間行いました」と、小学校高学年向きの実践例として想定されています。[8]

子どもの声を前提に

ここで見ておきたいのが、星野さんから見たこの実践に対する子どもたちの反応です。教育実践においては、子どもたちがどのような社会状況で生きていて、何を学びたいと欲しているのかが重要になります。

星野さんは、「何のためにトイレ探検をするのかは後の楽しみとしてとっておいたので、「子どもたちは」いったいどんなことを学習するのか興味津々であった」[9]と、子どもたちの反応を記しています。そもそも、星野さんの勤めていた学区は公共施設が少なく、子どもたち自身、繁華街に行くことが少ない状況だったようです。そのような生活空間で育つ子どもたちに対して、「トイレに入ったらとにかく探検してくる」ように指示が出されたことになります。ちなみに、生活空間となる地域を「探検する」ことは、現在でも総合的な学習の時間やその前段階として設定されている「生活科」のなかでは、ごく一般的になされることです。

さて、このような地域の「探検」という一般的なテーマについて、星野さんは特に、公共施設にあるトイレを考察する、という点に焦点を当てています。

この「トイレ探検」のために、星野さんは「探検カード」というワークシートを作成しました。そこには、探検場所、探検日といった基本情報のほか、トイレを示すマークや色、なかの様子といったジェンダーに関わる点や、四段階で示した清潔度、工夫されている点を記録させるようになっています。[10]

もちろん、トイレは探検のために存在しているわけではありませんが、私自身、日常生活を送るなかで、さまざまな施設を利用する際、このようなワークシートの内容と重なる点を気にしてみることがあります。そもそも排泄という生理現象に深く関わるトイレが使いづらいというのは、からだの不調に直結してしまうことは言うまでもないことですし、できることならばきれいで使いやすく、安心して入れるトイレで排泄をしたいものです。

このように、私たちが生きるうえで切っても切り離せないトイレという空間。星野さんは、この実践のねらいの一つとして、トイレを含む生活環境が「男女二分法にとらわれ」ていることを念頭に置いています。この「男女二分法にとらわれた生活を問い直す」ために、「なぜ、トイレの男女別を示すマークの色や形が限定されているのか」、あるいは「なぜ、女性用トイレにしかオムツ替えベッドがないのだろうか」という点に自然なかたちで着目させているのです。[11]

星野さんは子どもたちに、この調べ学習から導き出された「疑問点」を次のように共有させました。例えば、「なぜ、トイレの男女別を示すマークの色や形が限定されているのか」という点は、素朴な疑問ではありますが、まさに性別を指し示すのに使われる色に着目したことによって出てきた疑問点でしょう。また、「なぜ、女性用トイレにしかオムツ替えベッドがないのだろうか」というのは、育児とジェンダーの問題につながる疑問点です。

「子どもたち自身の疑問や発想を大事にしていくことが『総合学習』の大きなカギなのではないでしょうか[12]」と述べられているように、星野さんは、この「トイレ探検」に関わる実践をつくったとき、教師のねらいを一方的に押しつけるのではなく、子どもたちの生きている日常生活と授業とを結びつけ、そのなかで子どもたちが疑問に思ったことから授業を深めようとしています。

このように、星野さんはまず、男女二元論やジェンダーロール（性役割）について考えさせようとしました。そして、その内容をふまえたうえで、二時間目には、「性の多様性」について考えさせようとしたのです。

教えるその前に、教師がまず学ぶこと

〔図表5‐3〕をもう一度見てください。二時間目では、トランスジェンダー、そして「インターセックス」とあるように、周囲から普通ではないとされてきた人びとが、日常生活で抱えるであろう困難と結びつけた授業内容が展開されています。

星野さんが二〇年以上前の二〇〇〇年に、このような切り口から「性の多様性」――特にトランスジェンダーの人びとの生きづらさに着目しようと思えたのはなぜでしょうか。

この実践をつくった背景には、性教協で性的マイノリティ当事者と出会えた経験があったのだと、星野さんは語っています。

私たちも、性教協の活動のなかでさまざまな方にお会いし、話を聞き、本を読み、共に語り合うなかで、その人たちのセクシュアリティについて理解を深めてきたわけで、本当に理解することは簡単ではないと思います。[13]

先に見た同性愛プロジェクトのメンバーたちと同じように、性教協の活動のなかで、星

野さんは性的マイノリティと出会っていたのです。そうした学びの経験をふまえて、次のようにも語っています。

> ほとんどの子が［性的マイノリティの］存在そのものを知りません。知らないことを初めて知ったときは興味や関心が広がるのは当然で、はじめは興味本位であっても、当事者の書いた文章を読んだりＶＴＲを見たりするなかで深い理解につながっていくわけで、許される範囲で手紙を書く、問い合わせをするなどの広がりをつくることも大切だと思います。[14]

また、星野実践において重要なのは、単に一度きりの授業として学びを終わらせてしまうのではなく、あくまでも授業を生活における導入と位置づけていることです。これは、どの授業であっても当たり前かもしれませんが、残念なことに、学校教育で生活と切り離された知識を一方的に与えられる経験をしてきたという方は、少なくないのではないでしょうか。

特に「性の多様性」に関していえば、現在の学校教育においても、当事者ゲストスピーカーの話を、どこか他人事として鑑賞するような機会のほうが圧倒的に多いわけです。だからこそ、演壇の上にはいるけれど、「自分たちの周りにはいない」というような知識伝授の場になってしまっているのでしょう。

ですが、星野さんは「総合的な学習の時間」という、ほかの教科と比べてゆるやかに授業の内容を設定できる学習の時間を利用して、ジェンダー・セクシュアリティに関わる社会変革の活動に、子どもたちの興味関心をつなげようとしたのでした。

この授業を通して、子どもたちは「なぜ、医者が勝手に性別を決めてしまうのだろう。絶対にだめだと思う」「男でも女でもない性がなぜ法律では認められないのだろう」といった疑問を抱いたとも書かれています。もちろん、「良い子の答え」として、教師の期待した感想を書いた子どももいたかもしれません。それでも、自らが調べるという作業を挟み込むことによって、単に当事者の話を承るのではない、じぶんごととして考える機会をつくれたのではないでしょうか。

橋本秀雄さんとの出会いから――川端多津子実践

次に参照したいのが、川端多津子さんによる性教育実践です。川端さんは当時、大阪にある公立小学校で教師として勤務していました。教師になった一九七四年から、自己流の性教育は続けていましたが、一九九二年に神戸でおこなわれた性教協の夏期セミナーに参加したことをきっかけに、積極的に性教育にとりくむようになります。[15]

先に見たように、一九九〇年代初頭は、いわゆる「官製性教育元年」の時期にあたります。川端さんが当時勤めていた小学校の教師たちの多くも性教育実践を学んでみようという思いでいたそうで、近隣でおこなわれる夏期セミナーに校内研修として全員で参加したのだといいます。

その六年後の一九九八年、職場で男女混合名簿に変えようとなったそうですが、男女二元論にこだわる職場の人たちとのあいだで議論が深まらなかったのだといいます。そのようなときに出会ったのが、「インターセックス」当事者として日本国内で運動を牽引してきた「ハッシー」こと、橋本秀雄さんでした。

橋本さんは、一九六一年に大阪府吹田市に生まれ、ＰＥＳＦＩＳ（PEer Support For InterSexuals：半陰陽者自身の、半陰陽者自身による、半陰陽者自身のための自助グループ：「日本半陰陽者協会」）を一九九七年に設立した人物です。『インターセクシュアル（半陰陽者）の叫び——性のボーダーレス時代に生きる』（一九九七年）などの著作を複数書かれており、なおかつ、メディアにも複数登場されていました。

性教協が早くから性的マイノリティ当事者と積極的に連帯してきたことは先に触れたと

おりですが、実は橋本さんもその一人でした。
川端さんは、当事者として日本で初めてメディアに登場した橋本さんと、その著作に感銘を受け、職場の同僚に引き合わせたいと、校内研修の講師を依頼しました。その後、橋本さんに勧められて、性教協の理論講座に参加し、性教協に入会しました。

性教育が子どもを苦しめる瞬間

橋本さんは、さまざまな著書のなかで自身のライフヒストリーを語っていますが、特に『男でも女でもない性・完全版——インターセックス（半陰陽）を生きる』（二〇〇四年）においては、自分自身が受けてきた性教育について次のような記述があります。

中学のホームルームの時間に、中学生の意識調査が実施されたことがあった。「将来あなたはいつ結婚しますか？」というアンケートの問いに答えられず、私は白紙のまま提出したのである。ホームルームが終わり、クラスメイトたちの間ではそのアンケートが話題になった。彼らは将来の自分たちの人生設計について楽しそうに語っていた。私はそんな少年少女たちを横目で見ながら、「どうせボクは一人で生きていくんだ」と冷めた気持ちになっていた。

［中略］私の中学生のころの性教育は純潔教育で、「男は男らしく女は女らしく、異性に好意を抱く前に友情で接しなさい！　決してイタズラにＳＥＸしてはいけません！」、つまり「性器に人格をもちなさい」と教えていた。

ある「保健体育」の時間、少年たちと少女たちとが別々の教室に集められた。私と少年たちが教室で待っていると、男性の体育教師が入ってきた。そしてその教師は、いきなり黒板に男性器を描きはじめたのである。

私は教師が描いた男性器を見て「ギョッ！」とした。その成熟した男性器と私の性器の明らかな違いを見せつけられたからだ。［中略］私はやはり少年ではないのか？私の性意識は混乱しだした。［中略］やはり男でもない女でもない中途半端な私自身がいた[16]

前半の語りに現れてくるような「将来像」を書かせる実践は、現在でも主に家庭科などでなされる教育実践です。このような実践は、私自身もこれまで複数回経験してきましたし、読者のなかにも経験した方がいらっしゃるかもしれません。かなり「ポピュラー」な実践であるといえるでしょう。

「ポピュラー」というのは、この教育内容に効果があると考えられている、ということでしょうし、穿った見方をすれば、「これまでもやられてきたから」やられているだけ、ともいえるでしょう。

「結婚」や「家族」は、子どもたちにとっても、大人たちにとっても、想像しやすい「将来像」です。しかしながら、そもそも現行法において、結婚（婚姻）制度は「すべての人」が使えるものではありません。家族に関しても、いわゆる「両親がいて、子どもがいて」という家族形態がすべてではありません。

これらのことを教育者が考えないまま、上記のような実践をしてしまうと、簡単に目の前の子どもを取りこぼすことにつながります。橋本さんにとっては教育が、人生をポジティブに生きていくことにはつながらないものになってしまったのです。

また、後半の語りに現れているような「純潔教育」の問題性は、すでに触れたとおりです。「インターセックス」当事者である橋本さんにとっても、「男は男らしく女は女らしく」の一方的な押しつけは、しんどさを抱かせる実践になっていたことが読み取れます。

このような性教育を経験してきたことから、橋本さんは活動を始めた当初、性教協に招かれて講話をした際に、「［橋本さんの存在を無視してきた人びとに対する］癒されない怒りに肩を震わせ」たといいます。[17]

そして、このような「怒り」をもって性教育を捉えていた橋本さんと出会った川端さんは、自分自身がおこなってきた性教育に対して「三つのあやまり」があったのだと反省することになったのです。

「三つのあやまり」への気づき

「三つのあやまり」とは、何だったのでしょう。

第一に、学習者である子どもたちに「生殖のためのセックスをしなければならない」、「再生産するのが当たり前」という価値観を強要してしまうことでした。このことは、「産まない人、産めない人（産ませられない人）への差別につながる」ものであると川端さんは反省しています。[18]

第二に、出産を「親への感謝」や「母性の賛美」につなげてしまっていたことです。川端さんは、授業参観でこの性教育を見た保護者から寄せられた感想のなかに、「産んだことを別に感謝されたくありません」と書かれていたことをあげながら反省しています。[19]

そして、第三に、「世の中には男と女しかいない、異性愛しかないという前提での性教育であり、多様な性という視点が全くぬけていた[20]」ことが「あやまり」であったと反省しています。

この「三つのあやまり」に近いことは、いまだに多くの教育者が「無自覚」にしてしまっていることではないでしょうか。川端さんの「三つのあやまり」は、いずれも、そのまま異性愛・シスジェンダー中心の価値観に支えられた性教育実践に対する批判となっているのが興味深いです。そして、このような「反省」の背景に、橋本さんとの出会いが位置づけられているのでした。

「三つのあやまり」をふまえた実践

それでは、このような反省をふまえて、川端さんはどのような実践をつくりあげたのでしょうか。ここからは、実践レポートである『生』と『性』の教育（性のグラデーションをどう教えるか）」をひもときながら考えてみたいと思います。これは、川端さんによって作成された未公刊の資料です。

この資料は、川端さんが所属している大阪性教協の一一月例会（二〇〇〇年一一月一八日）で用いられたもので、[21]〔図表5-4〕に掲載した二〇〇〇年の授業案は、一九九九年に小学校六年生を対象としておこなわれた同様の実践をバージョンアップしたものとなって

図表5-4　川端実践の概略［性教育・男女平等教育学習指導案（2000年）］

	学習内容
一時間目	**一次性徴** ・未分化の胎児が女性、男性、半陰陽に性分化することを理解し、身体的な性は、多様であることを知る。 ・性は「男」「女」と二つに分けられるが、正しいのだろうか？生まれたときに性器（外性器）によって「男」「女」に性別が決められる。いまの社会では、男女二分法が常識になっていることについて考える。
二時間目	**二次性徴** ・月経や精通には、個人差が大きいことを知る。 ・性自認も性指向も、多様であることを知る。 ・自分について考える際、一つの要素として「性自認」がある。「身体と一致しない性自認」が存在している。また、「性指向」という要素もある。「ひとがだれかにひかれるのにパターンはない」。
三・四時間目	**ハッシーさんと語ろう！** ・PESFIS世話人の橋本秀雄さんが、「私は私のままでいい！」と自己肯定感を持つに至ったまでの話から学ぶ。 ・感想を書く。
五・六時間目	**自分らしく生きるために** ・人間の性交と動物の性交の違いを知る。 ・さまざまな性情報のなかで「自分を大切にすること」「自分は、どんな人間関係をつくりたいか」を考える。 ・望まない性行為には「ノー！」ということ、被害にあったときには、信頼できる大人に必ず相談することが大切。

川端（2000、未公刊）をもとに筆者作成

います。一九九九年と二〇〇〇年の案は、いずれも、子どもたちが知りたいと思っている内容をベースにしてつくるものであったため、アンケートを事前におこなっています。違いとしては、二〇〇〇年時には公開授業にしようと試みている点があげられます。そのため、授業時間が一時間増え、実践に関わるのも担任だけでなく、養護教諭とも協力しながらおこなわれていることを付け加えておきます。ここでは、二〇〇〇年におこなわれた授業案を見てみましょう。

川端さんは、この授業案を実践するにあたって、次のように書いています。

「性は単純に二分化できないことを、胎児の成長の過程から科学的にとらえ、自分も多様な性のあり方の一人だという認識をもちたい」

そのために、子どもたちの身のまわりにある「違い」に目を向けさせることから、授業が始められています。先に見た星野実践でも、「トイレ」のような身近な問題から始められていましたが、ねらいとしてはその点が共通しています。

川端さんが特に身のまわりの「違い」に着目したのは、あまりにも子どもたちをとりまく社会が「画一化」されていることへの危惧があったからではないでしょうか。さまざまな違いが存在しているはずなのに、その違いが見えなくされている。それゆえに、多様性が削ぎ落とされてしまっているのだと。

だからこそ、川端さんは、「男」と「女」を二分することがそもそも正しいのかと、男女二分法（男女二元論）を問うために、一時間目では身体の多様性を対象としていますし、二時間目では性自認や性的指向を対象としています。授業案を見てもわかるように、一次性徴や二次性徴を取り扱うなかで、いわゆる「異性愛者」や「シスジェンダー」、からだが「典型」である人びとだけでなく、さまざまな性自認、性的指向、身体が存在していることを前提に、授業を構築しようと試みているのです。

モデルの功罪

そのような実践のなかで、川端さんは、次のようなモデルを使っています。

昨今も、性の多様性を表す際に、さまざまな「モデル」が利用されています。〔図表5-5〕にある〈図1〉は、樹形図と呼ばれるモデルの一つであり、〈図2〉は、いわゆる「グラデーションモデル」と呼ばれるモデルの原型みたいなものです。

樹形図モデルは、「男」「女」という二つの基準の組み合わせによって、少なくとも数通り（この図ではインターセクシュアルも含めて九通り）に人びとをカテゴリー化できるということが、わかりやすく視覚化できるという利点があります。グラデーションモデルは、

図表5-5　川端実践における性の多様性を紹介するための〈図1・2〉

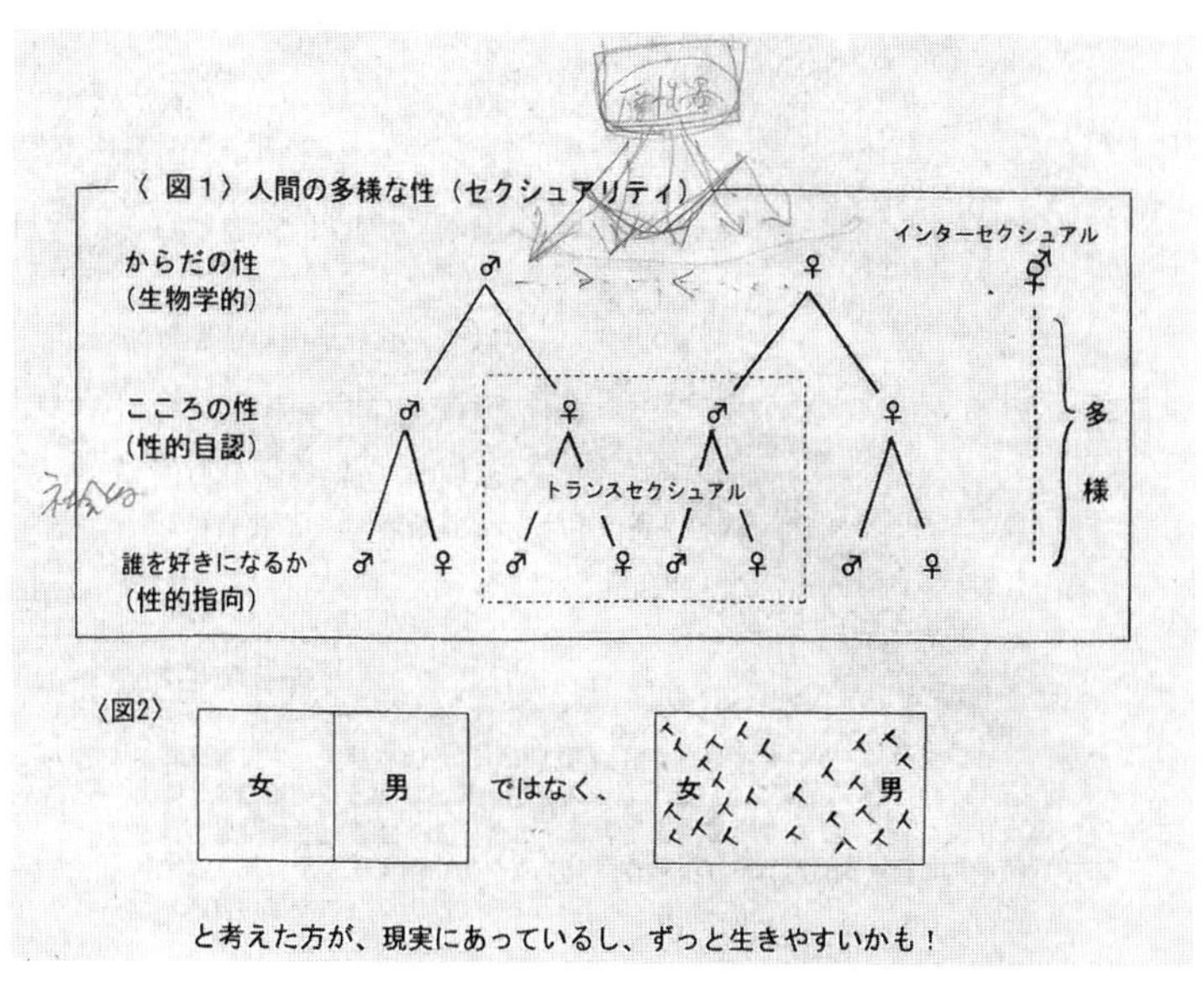

川端（2000、未公刊）より転載

「女」「男」という枠組みがかっちり二つに分けられないということ、つまり曖昧であることを示せる利点があります。

いずれのモデルにも利点があると同時に、欠点もあります。樹形図モデルは、「きっちり」分けられてしまうからこそ、そこにグラデーション、曖昧さがあることを感じるのが難しく、この組み合わせ「しか」存在しないという勘違いを生む恐れがあります。また、グラデーションモデルは、「曖昧」ゆえに直感的に理解しづらく、すぐには伝わらないという難点があるのです。

私自身は、大学で「性の多様性」について教える際に、複数のモデルを用います。それは、モデルそれぞれが持つ「利点」を相乗効果的に増やして、それぞれの「欠点」を補いたいからです。また、複数のモデルを利用することで、より多くの学習者たちに理解のきっかけをつくることができるとも考えています。あるモデルでは理解できなくても、ほかのいくつかのモデルを提示すれば、いずれかで理解することができるかもしれない、と。

このように複数のモデルを使うことで、なかには煩雑さを覚える学習者もいるかもしれません。しかし、性の多様性について考えるうえで、そもそも性というのは曖昧な概念であること、そう簡単には伝わらないし把握できるものでもないのだということは、むしろその煩雑さとともに学び取ってほしいことでもあるのです。

何のために性教育を実践するのか？

今日、性の多様性に関する教育実践が積み重ねられてきたことで、モデルの不十分さが議論されるようになってきました。ある意味で、そのような不十分さについての議論は、まさに――「ここから裁判」の判決にもあったように――性教育が「創意工夫を重ねながら、実践実例が蓄積されて教授法が発展していく」ことの表れといえるのではないでしょうか。

もちろん、よりよく、より正確に知識を伝えられるように、教具として利用されるモデルを検討していくことは必要なことです。しかし、その際に注意すべきポイントもあります。それは、ある教材・教具を批判する際には、その教材・教具がつくられた当時の時代背景や社会的な前提、さらにはそこに込められた実践者の意図や課題意識などを総合的に考察したほうがいい、ということです。

というのも、批判的な検討を欠いた批判は、以下の点を見落とす可能性があるからです。つまり、ある不十分なモデルが目の前に差し出されたときに、そのモデルは当時の「最新」の概念や知見、理論的枠組みにもとづいてつくられた、ある種の「限界事例」だったのか、あるいは、当時の社会状況に照らしても、明らかに間違った知識や偏見にもとづいてつくられたものだったのか、という腑分けができなくなるのです。後者の場合はある意味「論外」かもしれませんが、前者の場合は、そのモデルに対して建設的な批判を加え、よりよいかたちで課題意識を引き継ぎ、改善していける可能性があります。

今日、教材・教具、あるいは実践に対して、「不十分である」という議論がなされる際、その教材・教具・実践が生まれるまでに積み重ねられた創意工夫の過程や課題意識を無視した批判がなされている点に、私は少なくない違和感を覚えています。

繰り返しになりますが、教育実践においては、目の前の子どもたちに何を伝えたいかという教師の課題意識がなによりも重要になります。そこには必ず、学習者である子どもたちの姿があるわけです。目の前にいる「この子」には、この教具で伝わるはず。そのように、教師が子どもたちをまなざすことから教材はつくられていきます。そもそも、誰にでも適応できる教材・教具などありません。学習者も多様であるからこそ、教師たちは目の前の子どもに沿って実践を工夫しておこないます。

そのような前提を無視して、できあがったモデルを表層的に批判しても、何の発展性もないばかりか、教育実践の「創意工夫」性を損なわせ、実践者を委縮させてしまうことになるのではないでしょうか。

大学で教材や教具についての話をするときに、学生に丁寧に説明をするのは、「よりよい教材・教具を目指したとしても、誰にでも適用できるという意味で〝完璧〟な教材・教具は存在しない」ということです。

教育実践をする教師その人が「どうしてそのテーマを選びたいのか」「なぜそのテーマに必要性を感じたのか」という課題意識がなければ、あらゆる実践は無味乾燥なものになってしまいます。

教師が、自らの課題意識のもと、教師自身の立場性（例えば教師としての、あるいは性的マジョリティとして「特権」を持つ者としての）に気づいていく過程について、さらには、そのような立場性の問い直しのたびに実践が練り直されていく可能性について、本章では確認してきました。

もちろん、本章で見てきたような実践を、そっくりそのまま今日おこなうことは不可能でしょう。教師の多忙化や、教職員組合の組織率の低下など、これらの実践をつくるうえでおこなわれていた「教材研究」に時間を充てること自体が難しい状況ですので、当時との単純な比較もできません。

ただ、だからこそ、「このような実践は机上の空論だ」と片づけてしまうのではなく、それこそこのような実践をつくるための教材研究に時間を充てられるように、教師の労働環境の改善に関する運動に関わることから始めてみることも必要なのではないかと思います。こうした運動であれば、教師はもちろん、教師に性教育実践を頑張ってもらいたいと思っている（あるいは「おうち」や地域ですでに性教育を実践している）市井の人びとであっても、参画できるはずです。

性の多様性を学校教育で取り扱うことも阻害していた性教育バッシング

本章の最後に改めて触れておきたいのが、これら性の多様性に関わる実践が、バッシングにより停滞してしまったことについてです。「同性愛プロジェクト」による一九八〇年代後半から九〇年代にかけておこなわれていた教育実践や、それ以降、二〇〇〇年代初頭までおこなわれていた星野実践や川端実践は、今日から見ても先進的かつ教師の課題意識が明確な教育実践でした。

このような実践が停滞してしまった背景に、二〇〇三年のバッシングがあったという証言が取れています。先ほどの川端さん、川端さんとともに教育実践に関わっていた太田陽子さん、北川好美さんにインタビューをした際に、次のようなことをお話しいただいたのです。

このあと［二〇〇二年］ぐらいからバッシングが、ぱっと起こってから、そういう活動［性の多様性に関する教育実践］を全然できなくなった。それまでは、どこの学校でも、「教えに来てください」と言ってくれていたのに。[21]

性教育自体がやりづらくなったということは、「ここから裁判」について触れた際に整理したことですが（第三章）、そこでの性教育の内容に、性の多様性に関する内容も含まれていたことは、これまであまり着目されてきませんでした（それは、性の多様性に関する教育実践が、二〇〇〇年代初頭までに蓄積されてきたこと自体、あまり知られていないためでもあるでしょう）。

また、これに関しては、性教協の関係者から複数聞いたことのある話なのですが、性教育バッシングが苛烈になるにつれて、実践の内容の検討に力を注ぐことが難しくなった、という語りも得られています。

性教協は、性教育の実践・理論研究のための団体です。そのような団体、あるいは性教育実践者たちがバッシングの対象となったとき、実践者や、実践者の所属する団体自体を守るために時間や労力が割かれるようになり、その分、ほかのさまざまな活動に充てられていたはずのそれが削られることになります。

二〇〇〇年代に燃え上がったバッシングがもたらしたのは、実践がすでにあったという歴史そのものの忘却であり、実践の蓄積とさらなる深化に充てられたはずの時間でした。

そして、実はこの問題は、次の章で見ていくトランスジェンダー排除や、性的マイノリティの子どもたちの居場所づくりに向けられるバッシングとも重なるものでもあるのです。

1 そもそも「国民」から排除される／されてきた人も多数存在していることには要注意です

2 水原克敏『学習指導要領は国民形成の設計書――その能力観と人間像の歴史的変遷』東北大学出版会、二〇一〇年

3 例えば、「旭川学力テスト事件判決」（最高裁大法廷、一九七六年）は、いずれの説も極端かつ一方的であるとしたうえで、教育の大綱的基準について法的拘束力があるとしましたが、学習指導要領がそれに該当するかは明言を避けています。一方、「伝習館高校事件最高裁判所判決」（一九九〇年）では、学習指導要領には法的拘束力があると明示されました。ただし、学習指導要領にはさまざまな規定が含まれていますので、教師が判断する余地にまで踏み込む（指導法などについても細かく定める）場合は法的拘束力がないと解釈できるわけです。このことが、本書でも触れた「七生養護学校性教育裁判」につながっていきます。なお、本書で示した「国民の教育権」については、次の書籍が参考になります。堀尾輝久（ほりおてるひさ）『現代教育の思想と構造』岩波書店、一九九二年。斎藤一久（さいとうかずひさ）＋城野一憲（しろのかずのり）編著『教職のための憲法』ミネルヴァ書房、二〇二〇年

4 性教協会員会報「〃人間と性〃」四八号、一九八九年より

5 一九八九年に性的マイノリティ団体Xから同性愛プロジェクトに出された「「同性愛」についての「一般向け」アンケートに抗議します」より。なお、この「抗議文」は、堀川『気づく 立ちあがる育てる』に掲載しています

6 例外として、二〇一一年［第三〇回大会］は、東日本大震災の影響を受け、開催地と開催日程が変更。二〇二〇年［第三九回大会］は、コロナ禍により中止。二〇二一年［第四〇回大会］は、コロナ禍により、オンラインでの複数回の連続講座のかたちをとり実施

7 「分科会等」には、テーマ別分科会の他、「ビギナー講座」、「ティーチイン」、「あなたにフィットプログラム」、「今あなたにホットな講座」、「ランチタイムセミナー」、「現地企画」などが含まれます

8 星野恵「トイレ探検で「さまざまな性」を学ぶ」『性と生の教育』二七号、あゆみ出版、二〇〇〇年、四八‐五三頁

9 星野前掲論文、四九頁

10 星野前掲論文、四九頁

11 星野前掲論文、五二頁

12 星野前掲論文、五三頁

13 星野前掲論文、五三頁

14 星野前掲論文、五三頁

15 川端さんへのインタビューならびに、川端多津子「ハッシー――性のグラデーションを風のように生きる」『季刊セクシュアリティ』四号、二〇〇一年、七二‐七七頁による。インタビューは、川端多津子さん、太田陽子さん、北川好美さんに、二〇一八年八月二四日に大阪市内のホテルラウンジでおこないました。なお文中に登場する「インターセックス」「DSDs」という表現は、当事者においても多様な捉え方がなされています。本書は当時の歴史性をふまえて表記しています

16 橋本秀雄『男でもない女でもない性・完全版――インターセックス（半陰陽）を生きる』青弓社、二〇〇四年、四〇‐四一頁

17 橋本秀雄『性のグラデーション――半陰陽児を語る』青弓社、二〇〇〇年、三一頁

18 川端前掲論文、七三 - 七四頁

19 川端前掲論文、七四頁

20 川端前掲論文、七四 - 七五頁

21 二〇〇〇年一一月一八日に、大阪のドーンセンター（小会議室）でなされた模擬授業の資料。レポーターは川端さんと橋本さんでした

22 二〇一八年八月二四日、大阪市内のホテルラウンジにてインタビュー。このインタビュー箇所に関しては、お二人の声質の関係で、太田さんと北川さんのどちらが発言なさったのかは明らかにできませんでした

第六章

トランスフォビアのなかで生き延びるために

ようやく変わりつつある学校

　性同一性障害に関しては社会生活上様々な問題を抱えている状況にあり、その治療の効果を高め、社会的な不利益を解消するため、平成一五〔二〇〇三〕年、性同一性障害者の性別の取扱いの特例に関する法律（以下「法」という。）が議員立法により制定されました。また、学校における性同一性障害に係る児童生徒への支援についての社会の関心も高まり、その対応が求められるようになってきました。

　こうした中、文部科学省では、平成二二〔二〇一〇〕年、「児童生徒が抱える問題に対しての教育相談の徹底について」を発出し、性同一性障害に係る児童生徒については、その心情等に十分配慮した対応を要請してきました。また、平成二六〔二〇一四〕年には、その後の全国の学校における対応の状況を調査し、様々な配慮の実例を確認してきました。

　このような経緯の下、性同一性障害に係る児童生徒についてのきめ細かな対応の実施に当たっての具体的な配慮事項等を下記のとおりとりまとめました。また、この中では、悩みや不安を受け止める必要性は、性同一性障害に係る児童生徒だけでなく、いわゆる「性的マイノリティ」とされる児童生徒全般に共通するものであることを明らかにしたところです。これらについては、「自殺総合対策大綱」（平成二四年八月二八日閣議決定）を踏まえ、教職員の適切な理解を促進することが必要です。

「性同一性障害に係る児童生徒に対するきめ細かな対応の実施等について」（平成二七［二〇一五］年四月三〇日児童生徒課長通知[1]）

これは、文科省による「性同一性障害に係る児童生徒に対するきめ細かな対応の実施等について」という通知です（以下、二〇一五年通知とします）。この二〇一五年通知を受けて、翌二〇一六年には「性同一性障害や性的指向・性自認に係る、児童生徒に対するきめ細かな対応の実施等について（教職員向け）」が文科省から通知されました（以下、二〇一六年通知とします）。

二〇一六年通知は、二〇一五年通知以降「学校や教育委員会等から質問[2]」が寄せられた状況をふまえて、学校における性的マイノリティの子どもたちへの対応を示したものとなっています。

二〇一六年になってようやく、「まずは教職員が、偏見等をなくし理解を深めることが必要です」という水準を学校現場に求めるようになったことに、私自身、「ようやくここまできた」というわずかな安堵を感じました。本書で見てきたように、性の多様性に関わる教育実践自体は、現場で子どもたちと関わる教師たちの課題意識に沿って、一九八〇年代後半からすでに始められていました。だからこそ、このような動きがようやく全国に広がるのではないかと、そのように思ったのです。

完璧な「通知」ではない、けれども

一方で、この通知に物足りなさも覚えていました。というのは、この通知の内容をよく読むとわかるのですが、あくまでも性的マイノリティの子どもへの個別対応に徹しているためです。

本書で確認してきた性の多様性に関わる複数の教育実践は、冒頭で触れた「クィアペダゴジー」(queer pedagogy)と呼ばれる実践でした。改めて説明するなら、クィアペダゴジーとは、性の多様性に着目し、学校教育現場において、異性愛者やシスジェンダーと自認しない子どもたちも含めて生きやすい条件整備をしたり、授業や生活指導のあり方を検討したりしていく教育実践のことです。

クィアペダゴジーが、学校そのものがシスジェンダー・異性愛中心で整備されていることを捉え直すものであるのに対して、二〇一六年通知は、あくまでも性的マイノリティの子どもたちにとって生きづらい状況はそのままに、そこに順応できない当該児童生徒を個別に支援・配慮することを求めるものでした。ですので、この通知だけでは物足りないどころか、不十分であるとさえ思ったのです。

ただし、この二〇一六年通知があることによって、いま、すでに困っている子どもを救うことができる（かもしれない）、とも思いました。それは、この通知に次のような記述があるためです。

例えば、「服装」に関しては「自認する性別の制服・衣服や、体操着の着用を認める」こと、「髪型」に関しては「標準より長い髪型を一定の範囲で認める（戸籍上男性）」ことを指示しています。これらの項目を注意深く見れば、「そもそも、なぜ性別（特にこの場合、身体的特徴に関わる性別や戸籍上の性別）に紐づいた規則が必要なのか」と、校則自体の必要性を考え直すきっかけにできるかもしれません。事実、校則の見直しが進んでいる学校は現在、複数存在しています。クィアペダゴジーの種にあたるような可能性を秘めているのではないでしょうか。

あるいは二〇一六年通知では、次のような支援のあり方も示されています。例えば、「更衣室」に関しては「保健室・多目的トイレ等の利用を認める」こと、「トイレ」の利用に関しては、「職員トイレ・多目的トイレの利用を認める」こと、「修学旅行等」の宿泊研修に関しては、「一人部屋の使用を認める」「入浴時間をずらす」こと、などです。[3] 特に、更衣室やトイレ、宿泊研修での入浴などは、性の多様性にかかわらず、裸を見られたくない（手術の痕や痣が体にある、体型が気になるなど）、排泄しているところを見られたくない、という子どももいるでしょうから、できることならば効率優先ではなく、個々人の人権が尊重されるような環境が整備されてほしいと切に思います（もちろん、資金面の問題もありますので、何から何まで一気に解決できるということでもありません。しかし、例えば、トイレや更衣室の場合であれば、校舎の建て替え・増築などの機会があれば、性的マイノリティの子どもたちに対する支援のあり方を検討してみるというのはいかがでしょうか。性の多様性や人権保障について、改めて学び直す機会になるかもしれません）。

二〇一六年通知の不十分な点をふまえたうえで、それをどのように使っていくのか。使いようによっては、個別支援を超える取り組みに使えるかもしれません。なによりも、いま、すでに困っている子どもに対して積極的に支援することにお墨付きを与えたという意味においては、重要な通知であったといえるでしょう。

性の多様性に関する認識の向上、その反動としてのバッシング

このような通知が出された二〇一〇年代後半は、性の多様性に関して、学校教育においても着目が進められた時代であったと評することができると思います。

その背景の一つとしては、二〇一五年の「LGBTブーム」の存在もあげられるでしょう。こうしたブームがある意味では追い風となり、性的マイノリティ当事者と「アライ」と呼ばれる支援者がこれまで進めてきた社会運動とも絡まり合いながら、生きづらさの声が広がっていき、かれらの存在が可視化されるとともに、生きづらさを抱える人びとがこの社会に存在しているのだという認識もまた広まっていったのではないでしょうか（もちろん、こうした関心の広がりは、なかば必然的に、知ったつもりになる人が増えることも意味するのですが、それについては終章で論じます）。

さて、私は本書の第三章で、このように書きました。

「ジェンダー・セクシュアリティに限らず［中略］生きづらい思いをしている人たちの置かれている状況を改善するための権利保障などが進むと、それを『揺り戻そう』とする勢力が出てくるのです。まるで、振り子が左へ右へと揺れるように」――。

二〇一八年の性教育に対するバッシングも、まさにこの振り子の力学に沿ったものだったといえるでしょう。そして、二〇二〇年代前半、性的マイノリティや権利保障に関する認識がさらに広まったいま、今度は性教育ではなく、性の多様性や性的マイノリティそのもの、特にトランスジェンダーに対する苛烈なバッシングが起きているのです。

二〇一九年の初頭のこと、懇意にしている研究者から一通のメールが届きました。「ツイッターでトランスフォビア〔嫌悪〕発言が繰り広げられている」という情報共有でした。性教育というテーマからは脇にそれるかもしれませんが、バッシングについて語るうえで（そうでなくとも）看過しがたい事態になっているため、以下ではいま目の前にある「トランスジェンダー排除」言説について、簡単に整理していきたいと思います。

なお、本書の冒頭に掲げた二〇一五年通知のなかで、「性同一性障害（ＧＩＤ：Gender Identity Disorder）」という言葉が使用されていました。これは、医学者たちがトランスジェンダーにつけた精神医学的な「診断名」であり、現在は脱精神疾患化がはかられ「性別違和」や「性別不合」と呼ばれています。当事者のなかには、医学的な診断を求める人もいれば、そうでない人もいるため、その点にも注意が必要でしょう。

また、改めての確認になりますが、「トランスジェンダー」とは、出生時に割り当てられた性別で生きていくのが難しくなった人たちのことです。出生時に男性として割り当てられたけれど、自分は女性であると理解している人をトランス女性、出生時に女性として割り当てられたけれど、自分は男性であると理解している人をトランス男性といいます。また、そもそも男性／女性という二元論（バイナリー）を拒む人やそこに当てはまらない人（ノンバイナリー）もそこには含まれている、という点もおさえておきましょう。[4]

トランスジェンダー排除

さて、日本における現在のトランスジェンダー排除の発端は、二〇一八年夏、お茶の水女子大がトランスジェンダー女性の受け入れを発表したことにあります。この大学側の発表を受けて、当時、新聞各社は次のように報じました。

お茶の水女子大「性自認が女性なら」男性受け入れ

お茶の水女子大は二日、戸籍上は男性でも自身の性別が女性だと認識しているトランスジェンダーの学生を二〇二〇年度から受け入れる方針を明らかにした。文部科学省は「国内の女子大では初めてのケースではないか」としている。同大は近く記者会見を開き、詳細を説明する。[5]

［日本経済新聞］

お茶の水女子大「心は女性」の学生受け入れへ　国立で初

お茶の水女子大（東京都文京区）は二〇二〇年度から、戸籍上は男性だが、心の性別が女性のトランスジェンダーの学生について、全学部で受け入れることを決めた。室伏（むろふし）きみ子（こ）学長らが近く記者会見して、詳細を説明する。

米国では一四年以降、少なくとも五女子大がトランスジェンダーの学生に入学資格を与えている。日本の女子大はこれまで、戸籍上の女子を前提にしてきた。同大によると、日本国内では「国立女子大二校の中では初めてだが、私立女子大は不明」という。[6]

［朝日新聞デジタル］

お茶の水女子大がトランスジェンダー受け入れ

お茶の水女子大（東京都文京区）は一〇日、戸籍上は男性でも自身の性別が女性と認識しているトランスジェンダーの人を、二〇二〇年度の新入生から受け入れると発表した。ＬＧＢＴなど性的少数者の差別解消の取り組みや、多様な性を尊重する社会情勢を受けた判断。記者会見で室伏きみ子学長は、トランスジェンダーを含め、学びを求める「すべての女性」に門戸を開くことが「国立の女子大として必要」と説明した。[7]

［東京新聞］

トランスジェンダーの定義については先ほどおさらいしたとおりですが、出生時に割り当てられた性別で特に違和感も不自由もなく生きていける人たちのことを、シスジェンダーといいます。

この「割り当てられた」という表現は重要です。というのもこれは、制度的な性別の基準として用いられているのはあくまで身体的特徴に関わる性別なのであり（例えば、内外性器や、性腺、性染色体などにもとづく）、しかも**他者が**割り振ったものにすぎない、という点を重視しているからです。

この点をふまえると、例えば「こころの性別」と対になって使われることの多い「からだの性別」という表現は（「こころの性とからだの性の不一致」といったかたちで使われることが多いですが）、**不適切で不正確**ということになります。からだにあらかじめ性別があるわけではないからです。こころの性別に関しても、そもそも「こころ」という曖昧なものを物理的に取り出して性別を判断することは不可能でしょう。自らがアイデンティティとして認識している性という意味で、「性自認（gender identity）」としたほうが適切だと思います（そして、性自認は個人にとって重要なアイデンティティであり、他者からの強制、あるいは自分の意志で変えようと思っても変えられるものではなく、生涯不変でもありません。ましてや、単なる「自称」などではないのです。「自称」という言葉は、バッシング派がよく使用するものです）[8]。

話を戻しましょう。このお茶の水女子大の動きに対して（そして各種報道に対して）、次のような懸念が噴出しました。

第一に、トランスジェンダー（特にトランス女性）を「犯罪者予備軍」のように捉えた、性犯罪が増加するのではないかという懸念。第二に、世の中にあるいわゆる「女性専用スペース」（例えば、女子大に限らず女性トイレや更衣室など）がすべてなくなってしまうのではないかという懸念です。

いずれの懸念も事実誤認であるのですが[9]、これらがまことしやかに喧伝されました。とはいえ、このような懸念に同調、あるいは便乗したトランスジェンダー排除の動きが蠢き始めた直後から、それに抗おうとした研究者たちもいます。その一人である堀あきこさんは、二〇一九年に次のように当時の状況を振り返っています。

二〇一八年七月二日、以下の報道を私はツイートした。

「お茶の水女子大は二日、戸籍上は男性でも自身の性別が女性だと認識しているトランスジェンダーの学生を二〇二〇年度から受け入れる方針を明らかにした。文部科学

省によると、国内の女子大では極めて異例」（共同通信社、二〇一八／七／二）

またたく間に、四五〇〇を超えるリツイート（ＲＴ）と七〇〇〇を超える「いいね」がつき、ニュースを肯定的に捉えるたくさんの通知コメントがきた。

しかし、同時に、女子大の存在意義を問う声（「女性も普通に大学に入れる時代に女子大は必要？」「戸籍が男性の人が入学するのなら、共学にすれば？」）や、「どうやって本当のトランスジェンダーだと判断するのか」「不審者がトランスジェンダーだと偽るかも」といった声もあがっていた。中でも作家・百田尚樹（ひゃくたなおき）氏のツイートは注目を集めた。

「よーし、今から受験勉強に挑戦して、二〇二〇年にお茶の水女子大学に入学を目指すぞ！」（二〇一八／七／五）

このツイートへの返信は、多くが「冗談が過ぎる」「無神経」「トランスジェンダー差別だ」という批判的な声だった。

百田氏のツイートと同じ五日のウェブ記事では、「嘘をついて入学する男性がでてくるのではないか」「なにか事件が起きたらどうするのか」などのツイートが、不正確な知識に基づく誤解、トランスフォビアなものとして紹介されている。声明から三日後という非常に早いタイミングで記事に取り上げられるほど、トランス女性に対する差別的意見が目立っていたことを示していると言えるだろう。[10]

小説家の百田尚樹さんは、言わずと知れた安倍晋三支持者の一人でした。このツイート以前も、さまざまなマイノリティに向けた差別発言を繰り返していましたので、これもまたその一環にすぎなかったわけですが、差別的な動きが激化していったこのような状況を、堀さんは次のように描写しています。

お茶の水女子大学の室伏きみ子学長は一〇日に行われた会見で、このような説明をしている。

「学内での説明会はかなりやってきた。教職員、同窓生などには二〇回ほど行い、学生にも三回行った。学生からの反応はとても前向きな反応で、方針への反対はなかった。」（二〇一八／七／一〇）

しかし、大学の説明とは裏腹に、ツイッターでは大学のトイレ、更衣室といった女性専用スペースをトランス女性が使用することを問題視する声が大きくなっていく。「事件が起きたらどうするのか」とトランス女性を犯罪者予備軍のように語る発言が続き、それを差別だと指摘する声や当事者からの丁寧な説明もされたが、トランス女性を排除しようとする言葉は激化していく。[11]

バッシングは、おとなの世界だけで起きているのではない

このように不正確な（場合によっては、真偽の判断がすぐにはつかない）情報が錯綜しているときには、まず、なによりも情報の交通整理が必要です。ことトランスジェンダーに関しては、この点で役立つサイトがいくつかあります。「trans101.jp はじめてのトランスジェンダー」（以下、「はじめてのトランスジェンダー」）もその一つです。[12]

このサイトを運営しているのは、遠藤まめたさん。遠藤さんは、性的マイノリティと子ども・教育に関わる活動を二〇〇〇年代後半からおこなっています。私自身、学生時代から講演を聞いて励まされたり、現場ベースで書かれた書籍からさまざまなことを学んだりしてきました。特に、遠藤さんが共同代表を務めていた「いのちリスペクト。ホワイトリボン・キャンペーン」がおこなった「ＬＧＢＴの学校生活に関する実態調査（２０１３）結果報告書」は、二〇一三年度の東京都地域自殺対策緊急強化補助事業の一環として実施されたものであり、日本において早い段階で実施された性的マイノリティの子どもたちの学校生活に関する調査として非常に重要です。

さて、「はじめてのトランスジェンダー」には、次のようなＦＡＱがあります。

Q九　何歳ぐらいからトランスジェンダーと気づきますか

個人差があります。岡山大学ジェンダークリニックを受診した人では全体の五六％が小学校入学以前から性別違和を訴えていました。幼くして違和感を持つことは決して珍しくないと言えますが、思春期以降に性別違和を自覚する場合もあります。性別違和を抱いていても実際にそのことを言語化し、性別移行して生活することを希望するまでには長い時間がかかることもあります。

そう、当然のことですが、トランスジェンダー排除の問題は、おとなの世界の話だけにとどまりません。二〇一六年通知が出されたことからもわかるように、子どものうちから、自分自身がトランスジェンダーであると自認し（あるいは、トランスジェンダーという言葉はまだ知らなくても、割り当てられた性別で生きることに困難があるという意味で）、生きづらさを感じる人も少なくないのです。[13]いま、この社会にはびこるトランスジェンダー排除言説は、こうした子どもたちにも向けられているものとして認識すべきでしょう。

生き延びている、LGBT（かもしれない）ユースたち

「はじめてのトランスジェンダー」を運営している遠藤さんは、LGBT（かもしれない）ユースたちのための居場所づくりに関わる一般社団法人「にじーず」の運営もしています。にじーずは、二〇一六年八月に任意団体として東京で発足し、現在では札幌から岡山まで全国各地で活動している一般社団法人です。一〇代から二三歳までのLGBT（かもしれない人を含む）が集まれるオープンデーを、各地の若者（青少年）支援施設や、生涯学習施設、男女共同参画に関わる施設、公民館など、社会教育に関わる公共施設を用いて定期開催しています。

このようなにじーずの特徴として、LGBTユースが主体性を発揮できるようにサポートしていることがあげられます。[14]「自分たちの言葉で想いや考えを発信することは、LGBTユースが〝支援の対象〟ではなく〝権利回復の主体〟として行動するうえで重要」であると明言しており、団体のミッションとしても、「LGBTの子ども・若者が安心して思春期をサバイバルできるつながりを作ること」を掲げています。

第二章で「性教育とは何か」を考えました。そこでは、性教育が学校教育としてはもち

ろんのこと、家庭教育や社会教育としてもなされるものであること、あるいは包括的性教育が、自らと他者とを大切にできる行動を主体的に選択することができるための知識や態度、スキルを育むものであり、多様な人びととの幸せな人間関係を築いていくための教育・学習であることを整理しました。

にじーずのミッションを見る限り、にじーずは、社会教育施設をフィールドとしながら、「居場所づくり」を通して性教育実践している組織だと捉えることができるでしょう。

子どもたちが「サバイバル」できる居場所をつくっているにじーず。二〇二一年度だけでも、のべ五〇〇〇名の参加者（そのうち一八八人が新規の参加者）が集っているといいます。その参加者数の多さは、翻って、現在、トランスジェンダーも含む性的マイノリティ当事者の子ども・若者の多くにとって、学校も家もSNSも、自らのジェンダー・セクシュアリティを含めたアイデンティティを安心安全に露（あら）わにすることができない場になっていることを表しているのではないでしょうか。

二〇一〇年代後半から、SNSを中心としたインターネット上で、そんなにじーずに関する誹謗中傷を目撃することが増えてきました。そこには遠藤さんに対する誹謗中傷も含まれているのですが、特に「トランス排除」「トランスヘイト」に関わる誹謗中傷が、現在に至るまで多く見られています。そうした誹謗中傷を、性的マイノリティの子どもたちも日々、大人たちと同じように、目撃させられているのです。

こうした誹謗中傷や排除言説によって、ようやく性の多様性に関する整備が始まりつつある学校だけでなく、社会からも「居場所」が奪われようとしている――。

そのことに危機感を覚えた私は、二〇二三年初春に、遠藤さんと、にじーずでスタッフとして活動されている古堂達也(ふるどうたつや)さんにお話を聞くことにしました。[15]

LGBTへの誹謗中傷と子どもたち――鼎談

堀川 今日は、にじーずの活動に関する誹謗中傷について、お話をうかがいたいと思います。具体的に、インターネットでもいろいろと拝見しました。一つは、遠藤さんへの「私怨」にあたるようなものが多いと思いましたが、もう一つ、これは最近のツイッター上の検索に引っかかるものですが、「グルーミング」に関してですね。まずはここからうかがえますでしょうか。

グルーミング（**grooming**）とは、ネコなどの動物の「毛づくろい」という意味をもともと持つ言葉。転じて、「手なずける」こと、特に子どもに対する暴力の一つとしての意味で使われています。

グルーミングに関しては、法務省「性犯罪に関する刑事法検討会」の取りまとめ報告書（二〇二一年五月）に次のように要点が書かれています。

すなわち、グルーミングとは手なずけの意味であり、具体的には、子どもに接近して信頼を得て、その罪悪感や羞恥心を利用するなどして関係性をコントロールする行為であること。例えば、①ＳＮＳ等を通じて徐々に子どもの信頼を得たうえで、会う約束をするなどして性交に及ぶ類型、②子どもと近い関係にある者が、子どもの肩をもむといった行為から始め、断りにくくさせたうえで徐々に体に触れる類型、③子どもと面識のない者が公園等で子どもに声を掛けて徐々に親しくなる類型があり、このような行為をされても、子どもは被害に遭っていることを認識できないことが指摘されています。

この検討会では、「以上の議論を踏まえると、今後の検討に当たっては、グルーミング行為を処罰する規定については、その要否・当否を検討した上で、これを設ける場合には、行為者の主観面だけによらずに、性犯罪を惹起する危険性が客観的にも認められる行為を処罰対象とするなど、適切な構成要件の在り方について更に検討がなされるべきである」とまとめられています。

なお、教育、ジェンダー・セクシュアリティに関する研究でも、現在議論が深められています。主な論稿として、村中里子（むらなかさとこ）「グルーミングから始まる性暴力」『教育』九二五号、旬報社、二〇二三年、三六-四二頁、太田啓子（おおたけいこ）「SNSとグルーミング」『シモーヌ』六号、現代書館、二〇二二年、五四-五七頁などがあげられます。

堀川　肌感覚でかまわないのですが、にじーずに対する誹謗中傷のなかで、どれくらいグルーミングに関わる批判があると認識していますか？

遠藤　基本的には、グルーミングばかりですね。

古堂　何年か前にハッシュタグで、「#どこ行くのと聞かれたら」というものが使われていました。意図としては、にじーずに参加するときに、親にその理由をどのように説明するか、みんなでアイデアを共有しよう！　というねらいがあったんです。

堀川　それは、学校でも家庭でも、自分のジェンダー・セクシュアリティを受けとめてもらえない参加者にとって、にじーずに参加する理由を十分に説明できないからですよね？

古堂　そうです。なので、みんなでこのハッシュタグを使って考えてみようと思ったんです。そしたら、しばらく経って、トランスヘイトを自身のアカウントで積極的におこなっている、いわゆる「ヘイター（hater）」と呼ばれる人たちからの誹謗中傷が始まったんです。ハッシュタグが持っていた意味を捻じ曲げるかたちで。

例えば、「こうやって親に内緒で子どもたちを集めて、しかも、大人たちが参加できない場所で何をやっているのかもわからない団体だ！ よからぬことをしているんじゃないか⁉」という感じですね。このハッシュタグへの誹謗中傷が、いまに続く誹謗中傷のきっかけとしては大きかった気がします。

堀川　このハッシュタグは、にじーずオリジナルのものなんですか？

遠藤　いえ、もともとツイッターで他団体が使っていたものです。

堀川　そうだったのですね。確かに、調べてみると、このハッシュタグを本来の意味で使っている団体がほかにもありますね。

そもそも、「どこに行くの？」と聞かれたら困ってしまいますよね。カミングアウトをすることで、保護者から縁を切られてしまう社会状況だってある。そのように不安に思っているユースがこの社会に存在している状況、それ自体をこの社会がつくってしまっているという構造的な問題があるのに、それを無視した言説がもっともらしく垂れ流されている状況なのですね。

確認しておきたいのですが、にじーずにも、性的マイノリティであるということを親にカミングアウトをしていないユースが参加しているということですよね？

遠藤　そうですね。カミングアウトできないことの苦しさを持っている人がやっぱり多いです。

堀川　私自身はシスジェンダーの非異性愛者であると自認していましたが、まさに子ども時代はにじーずに参加するユースのように、「親には絶対に言えない。バレてもいけない」と思って過ごしていました。なので、そのような気持ちはよくわかります。

遠藤　実際に、にじーずへの誹謗中傷に関して、参加者からも問い合わせがありました。SNS上で「にじーずに凸(とつ)ってやろう［突撃してやろうの意］」みたいなことを言っている人がいて怖い、とか。

堀川　今日のインタビューをするにあたって、改めてSNSで検索してみたのですが、私も見ていて本当に苦しかったです。怖いですし、しんどいですよね。参加者にとって、唯一かもしれない安心できる居場所を奪われてしまう怖さというのは、生きる意欲を奪うことにつながるのではないか。そのように思いました。

遠藤　ただ、にじーずへの誹謗中傷自体は、一部の子どもたちにとっては関心を持たれているかもしれませんが、全体としてみればあまり意識はされていないかもしれないです。

古堂　確かに、にじーずのオープンデーのトピックとして話題に出るとかは、あまりないかな。むしろ、ニュースで政治家が差別発言していたとか、そういうトピックのほうがトークテーマとしては「これ、どう思う!?」みたいな感じであがってきやすいかもしれませんね。

にじーずにおける**オープンデー**とは、LGBT（かもしれない）と自認している一〇代から二三歳までのユースが参加することのできる「居場所」です。

オープンデーでは、具体的におしゃべりをしたり、テーブルゲームやお絵描きをしたり、あるいは、その場にいる、、、だけという参加のあり方も認められています。いつ来ても、いつ帰っても問題のない「居場所」であり、自分自身のジェンダー・セクシュアリティや法律上の名前、学校名などを明らかにする必要もなく、参加のハードルを下げる工夫がいくつもなされています。

オープンデーは、保護者の参加、あるいは「研究目的」での参加などはできません（保護者の送り迎えは可能です）。これは、参加者にとって、同世代の当事者と出会うということに大きな意味があるためです。

これまでも日本には、性的マイノリティにとっての居場所は複数存在していました。

その一つが「ゲイバー」「レズビアンバー」といった、飲酒をともなう社交の場です。飲酒をともなう場であるため、年齢に制限があるということ、あるいは、飲酒を楽しめない人にとって参加のハードルが高いこと。加えて、これらの空間が色恋を求める空間であることもあって、そのような関係を求めない人にとっては十分な居場所ではありませんでした。

性的マイノリティのユースにとって、自分自身と重なる属性の当事者がそばにいることは、自分が生きていくときのモデルを獲得することにもつながりますし、困ったこと、うれしいことを共有することのできる仲間を得ることにもつながります。また、性的マイノリティのユースが、そうではないユースと比べて希死念慮が高いことは、さまざまな調査・研究で明らかにされています。差別がはびこるこの社会において、「安全な居場所」ができる限り早い発達段階から必要であるのは、こうした調査結果からも裏づけられます。

堀川 昨今のトランスヘイトに関して、参加者から話題にあがることはありますか？

遠藤 ありますます。例えば、性的マイノリティの差別に関する話がテレビで持ちきりだったみたいなときですね。

堀川　つまり、子どもたちも、おとな同様に、ニュースなどを見て差別的な現状をつぶさに感じ取っているということですね。

遠藤　例えば、杉田水脈(すぎたみお)議員による発言があったときは大変でした［同氏は二〇一八年七月に月刊誌上でＬＧＢＴＱに「生産性がない」と発言した］。健康を害するほどでした。もともと、性的マイノリティの子どもたちは、そのような露骨な差別発言のない日常生活においても、精神的につらいなかで頑張っているのに。そんなときにあの差別発言がツイッターでものすごく拡散されて。「生産性」に関わる杉田発言は、死にたいと思っているＬＧＢＴの精神衛生を追い詰めたわけです。それは、杉田発言それ自体だけでなく、それに群がる人たちの反応も含めて、です。ツイッターのようなＳＮＳの空間は、もちろんリアルな生活空間ではありません。ただ、リアルな生活空間が張り詰めていると感じる人にとっては、息抜きできる場所でもあるわけですね。そのようにツイッターを使っていた人にとってみれば、居場所を奪う結果になったわけです。

古堂　杉田発言もそうだし、そういったトピックが一時的にツイッター上で急速に拡散されるときには、「本当そういうニュース見んのしんどい」みたいな話を、オープンデーに参加したユースたちが話していたりします。

遠藤　同性婚裁判に関わるニュース、特に裁判で負けたときとかは、参加者もみんな落ち込んじゃったりします。そのような様子は見ています。ほかにも、性的マイノリティの社会運動の一つに、［東京レインボープライドのような］パレードがあるわけですけど、そのパレードに参加したときに、それに対して批判的だったり、揶揄したりするようなヤフコメを読んで落ち込むとかは、ありがちです。

このように、SNSでのトランスヘイトや性的マイノリティへの差別発言を見てしんどくなるという話は、ちょこちょこ出ますね。

スタッフへの心的負担

古堂　にじーずへの誹謗中傷でいうと、「質問箱」に関わるものもありますね。にじーずは、ツイッター上において、匿名で質問ができる「質問箱」というものをもともと使っていたんです。この質問箱を使って、週に二回、ユースからの相談にスタッフが答えていました。そしたら、ある時期から少しずつトランスヘイトのような質問が来るようになって。

明らかにわかりやすい差別コメントには、最初から答えないということにしていたのですが、なかには一見相談の体をしている質問もあって。例えば、「性自認に基づいた更衣室で着替えたいと求めたら拒否されました、どうしたらいいですか」みたいな。これは、一見相談っぽいのですが、答え方によってはそこからバッシングの火がつく可能性が高い。回答って、いくらでも悪意を持って切り取ることができるじゃないですか。

堀川 過去の性教育バッシングでも、悪意ある切り取りは常套手段として使われてきましたからね。私自身、大学で授業をしていると、学生から似たようなコメントが届くことがあります。授業の場合は、誤解がないように時間をかけて丁寧に回答することができますが、それでも誤解を招いてしまう場合があるわけで。そう考えると、テキストベースで、しかも顔が見えない相手に答えるのは、とても難しいですよね。

古堂 それで、質問箱は去年〔二〇二二年〕の七月末に閉鎖してしまったんです。

堀川 トランスヘイトをしている人にとっては、してやったりでしょうね。

古堂 私たちのような立場の人間が、誰かの質問に対応するのって、単に「正解」を答えればいいということでは済まないわけですよね。一つひとつの相談に対して、まず「これは本当に困っているユースからの質問なのか、あるいはトランスヘイトをしている人たちの『釣り質問』なのか」ということから考えることから始めなければならない。それに応じて適切な回答を考えていく。

ですから、「釣り質問」の問題点としては、スタッフが一つひとつ判別する負荷が大きいということがまずあるわけです。加えて、直接的なトランスヘイト言説を含む質問を、回答するスタッフが目にしなければならないというのも、心的な負担になってくるわけです。

そういう事情もあり、スタッフ自身が、回答するときにものすごく気を遣うので、結局やめざるを得なかったのです。そもそもツイッターを使うこと自体が、もう安全ではないんじゃないか、と思うこともあるんですけど……。でも結局、「この人は、トランスヘイトをしている人かもしれない」と疑心暗鬼にさせられること自体、もうすでにトランスヘイトをしている人たちの思うつぼというか、それによって活動の勢いが削がれていくというのが、当時の感覚としてはありました。

堀川 居場所づくりに関わる活動は、スタッフの人が手弁当でおこなっていることがよくありますから。ただでさえ大変なのに、その活動を阻害するような動きがあると、力がどんどん削がれていきますよね。

遠藤 オンライン相談はコロナ禍で始めた事業でしたが、この間LINE相談をする団体も増えてきたので、私たちはオープンな場で相談に乗らなくてもいいのでは、と考えたのも、質問箱を閉じた理由の一つです。

アメリカからの輸入

堀川 先ほど、参加者からは、にじーずへの誹謗中傷に対する心配はあまり出てきていない、という話がありましたけど、それは、にじーずだったら何があっても安心できる、という実感があるからなのでしょうか?

古堂 ちょっとそのあたりはわからなくて。にじーずに向けたバッシングが起きているということ自体を把握していないのか。それとも、見ていて傷ついているけれど、その状況を、どこに、そして誰に何を言えばいいのかわからない、というユースもいるかもしれません。顕在化してないだけなのか、そもそも存在しないのかはわからないです。

遠藤 基本的に、にじーずの参加者は、インターネットユーザーが多いと思うんです。そもそもにじーずのことを、SNSやインターネットで探してくる人が多いので。そうなると、必然的にSNSでトランスヘイトを目にする機会も多いのだと思います。
　トランスヘイトの話でいうと、アメリカで起きていることが、日本に上陸しているように思います。日本オリジナルというよりも、アメリカでやっているのを真似するみたいな感じで。例えば、Trevor Project も誹謗中傷されていますよね。それと同じようなやり口で、にじーずもバッシングされているように感じています。言ってもないことを捏造（ねつぞう）されたりするとか。

Trevor Project とは、一九九八年にアメリカで設立された性的マイノリティの若者の自殺防止活動に焦点を当てた非営利団体。性的マイノリティの若者のメンタルヘルスに関する研究もおこなっている団体で、二〇二二年には、アメリカの「極右」ツイッターアカウントである Libs of TikTok が、同団体をグルーミング団体であると誹謗中傷しています。

遠藤 例えば、「にじーずに行くと治療を勧められる」という話がSNS上で出回ったりしていますが、ありえないことです。なんでこんな根も葉もない話、と思うわけですけれど、アメリカで同様のバッシングがあることをおさえていれば、「あー、なるほど」と。トランスヘイトをしている人たちって、バッシングしやすい方法を学んでいるのですよね。

すごいなと思うのは、これがグローバルな動きであることで、一週間前に起きたバッシングがすぐ日本でも導入されたりしていることです。下手したら二日後ぐらいには日本に翻訳されて入ってきている。もちろん皮肉ですが、わざわざ海外から学んでくるって、すごいことだと思います。だからこそ、バッシングに対抗するために、こちらも海外の動向から学ぶことがたくさんあるわけです。

ちなみにいま、にじーずは、セーフガーディングの取り組みについて公表しようとしています。子どもが安心して利用できるような環境を制度としてちゃんとつくって、それを公表していきたい。これは、トランスヘイトがあるかどうかは関係なく、子どもたちのためにやらなきゃいけないことだと思っています。

子どものセーフガーディングに関する議論が、現在深まっています。そもそも「子どものセーフガード」とは何でしょう。

セーブ・ザ・チルドレン・ジャパンの定義によれば、「関係者による虐待や搾取など、子どもの権利に反する行為や危険を防止し、安心・安全な活動と運営を目指す組織的取り組みであ」り、「疑念が生じた場合の対応と再発防止も含む包括的なものである」。

さらに、「子どものセーフガーディング」という用語は、「セーブ・ザ・チルドレン・

ジャパンが、事業実施と組織運営において、子どもの安心・安全を保障するにあたって従うべき指針、手順、実践活動を指す正式名称として使用する」ものとされています。

セーブ・ザ・チルドレン・ジャパンは、ここでいう「子ども」を、子どもの権利条約に沿って一八歳未満のすべての人として定義し、次のように述べています。

「セーブ・ザ・チルドレンの関係者によって子どもの権利を侵害するようなことは決してあってはならない。万一にも、一部の心ない者の行為により、子どもに被害が及ぶことがあった場合、そういった行為に対しては一切許容することなく厳しく対応し、またその予防に努めなければならない。全ての関係者が子ども虐待や性的搾取の問題について理解するとともに、問題事案が生じた際には適切に対応がなされるよう日ごろから備える必要もある。全ての関係者は、子どもと適切に接し、セーブ・ザ・チルドレンの名のもとでその信頼を悪用することがないよう自らを律しなければならない」

このような取り組みを、英語で「**Child Safeguarding**」というのです。セーブ・ザ・チルドレン・ジャパンによれば、他団体では「Child Protection」と呼ぶところもあるようですが、「後者は様々な意味合いで広義に使われる言葉でもあるため、セーブ・ザ・チルドレンとしては「safeguarding」という言葉で使い分けることとした」そうです。二〇〇三年発行の『性的搾取・虐待からの保護のための特別措置に関する国連事務総長会報』にもこの概要が述べられているように、国連機関も、性的搾取・虐待の予防のなかで、この取り組みの要素にたびたび言及しています。
詳細は、公益社団法人セーブ・ザ・チルドレン・ジャパン『子どものセーフガーディング指針～子どもにとって安心・安全な組織・事業づくり～（ガイドライン）』（二〇二一年）を参照ください。

積極的にスルーすること

堀川　にじーずに対する一連のバッシングに対して、何か積極的にしていることはありますか？

遠藤　んー。強いていえば、スルーすることですかね。というのは、バッシングしている人たちは、私たちのことを困らせたくてやっていると思うので、こちらが困っていると言ったら喜んでしまうと思うのです。やめてくださいと表明すること自体、「反応してきた」と喜ばせることにつながりかねないので、何も言いません。

あと、もともとにじーずがバッシングされ始める前に、私自身が個人的にバッシングされていた、ということがあります。にじーずに飛び火しないといいな、と思っていたら、案の定飛び火してしまったので、参加者のみんな、スタッフのみんなにも申し訳なかったです。

実は、私自身、初めからスルーしていたわけではないのです。むしろ一時は、バッシングに対して積極的に抵抗していました。トランスヘイトに関するツイートが出てくる以前のことですけれど。ただ、最近はあまり抵抗はしていないというか、トランスヘイトを煽動するアカウントのなかからいくつか選んで、そこにぶらさがっているフォロワーをすべて機械的にブロックするようにしたんです。そしたら劇的に改善されて、炎上に巻き込まれることが本当に減りました。

堀川 そんなことがあったのですね。

遠藤 それをやったのは、私のツイッターをユースが見ているからですよね。私のツイッターの引用欄を見て、ユースたちが病んでしまっていることがわかったので、それなら言い返すことはせず、物理的に絡まれないようにしたほうがいいなと思いました。

結局、バッシングって、かれらにとってはエンターテインメントなんだと思います。バッシングする人たちにとっての暇つぶし。なので、こちらは、エンターテイン、ン、ンメントを提供しない。バッシングする人たちが盛り上がって団結して、それが趣味みたいになっているのだとしたら、それならこちらはバッシングする人たちから見えないところに移籍しましょう、みたいな感じです。

ちなみに、SNSのブロックは、やって大正解だったと思っています。ただ、機械的にブロックしたので、巻き添えで無関係な人もたくさんブロックされてしまいました。なかには「なんで私ブロックされたんだろう」と、よく思っていない人がいるかもしれません。トランスヘイトをしている人をウォッチするために潜入している良心的な人とかもいると思います。ひょっとしたら、ブロックした人のなかには、にじーずに寄付してくださっている人もいたかもしれない。「にじーずに寄付したのにブロックされた」のだとしたら、きっと、とても感じが悪いですよね。ただ、こればかりは、ユースのことを考えると、もうやむを得ないことだと思いまして……。

デマ（流言） の問題性の一つとして評論家の荻上チキさんは、東日本大震災においてSNSを中心にして流されたデマをもとに、「流言やデマを信じた人たちの行動が『善意』に基づくものであっても、それが『善行』として機能せず、むしろ救命活動のためのチャンスロスを生んでしまう」と指摘しています（『検証 東日本大震災の流言・デマ』二〇一一年）。にじーずに関するデマも、子どもたちを救うことの「チャンスロスを生んで」いるといえるでしょう。

堀川 ちなみに、どれくらいの人をブロックしたかって、わかりますか？

遠藤 正確にはわからないのですが、あるトランスヘイトを煽動するメインアカウントにフォロワーが数万人いたから……一人をブロックしたら、芋づる式に少なくとも数万単位でブロックしたことになるはずです。

堀川 なるほど。ちなみに、ほかに積極的に取り組んだことはありますか？

古堂 にじーずから公式ＬＩＮＥでメッセージ送れるのですが、そのなかでユースをエンパワーメントする言葉かけはしています。例えば、「すごく嫌なニュースがあったと思うけど、別に、そういうときは無理して情報を収集しなくていいよ。ニュースも無理して見る必要ないし、距離を取っていいんだよ」というようなメッセージを出したり。あと、「ラジオ保健室」という企画もやりました。音声配信のアプリ使って、「つらいニュースがあったときは」というテーマで配信してみたり。

遠藤 ちょうどこの前、［にじーずのほかのメンバーが］ＬＩＮＥでメッセージを流したときは、同性婚訴訟が「負けた」ときでした。ユースがそのニュースの意味をどれぐらい理解しているのかがわからないので「裁判はこれで終わりではそもそもなくて、このあとも裁判はまだ続きます」みたいな話をしましたね。ユースのなかには、「負けて終わり」と思った人もいたかもしれないので、まだたくさん全国で闘っている人がいるから、だからそんな落ち込まないで、またにじーずで話そうね、みたいな発信をしました。

堀川 その一言が、「味方」が一人でもいるんだ、というメッセージになっていますね。

古堂 そうですね。あと、先ほどスタッフ自体が疲弊してしまうという話をしましたけど、スタッフ研修の場も大切だと思っています。もちろん、にじーずのスタッフとしてのスキルアップが第一の目的ではありますけど、副次的なものとして、スタッフ自身にとっての安全な居場所というか、安心して話ができる場になったらいいなと思って運営しています。

エンパワーメントが持つ意味

堀川 エンパワーメントということを、にじーずは一貫して大切にしていると思うんです。

にじーずという居場所があること自体、ユースにとってもエンパワーメントの場になっているのではないでしょうか。古堂さんがおっしゃっていたスタッフのミーティングも、それ自体が安心できる場になっている。バッシングに触れて傷ついたり疲弊したりしている状態を、ケアされる場になっている。お話を聞いていて、そのことを強く感じました。

古堂　にじーずの活動は、そこに参加する人たちと共依存的な関係あろうとするのではなく、最終的にはやがてその居場所から自立していくこと、孤立ではなく、一人の個として自立していくことを目指しているのかな、とも思いました。一人ひとりが、どのようにしてこの社会とつながっていけるか、参加者自身が考えることができるような仕組みというか、取り組みをしているように感じます。

にじーずが場の力を大事にする団体だということとは、スタッフ同士でも話しています。それは要するに、ユースワーク［さまざまなユースが権利主体として生きていけるように援助すること、そしてそれが可能になるように、ユースをとりまく社会を変革していく教育や福祉といった枠組みを超えた総合的な営み］的な視点だと思うのですが、参加しているユースは、この社会を生き抜いてきたというその一点だけをとっても、素晴らしい力を持っていると思うんです。その生き抜く力を、ほかのユースとの交流と関わり合いによって、お互いにエンパワーメントし合いながら伸ばしていく。

そういう場をつくっていくのがにじーずだよね、という共通理解を、スタッフのなかで持っていきたいと、折に触れて研修などでも確認しています。

遠藤 私たちは、わりと政治的、つまりポリティカルな集団だと思いますよ？

古堂 そうですね。個人的なことは政治的なこと、という意味でも。

遠藤 スタッフがポリティカルだからかな。

例えば、参加者の子どもが、学校でものすごく理不尽な目に遭っていたときに、誰もその人の代わりはしてあげられないですよね。なかには、親も味方にさえなってくれなかったりする子がいるわけです。そうなると、その子自身が自分の権利をちゃんと理解して、そのうえで社会への不満を表明していいんだって思えないと、その状況から脱せられないわけです。

ユースが生きやすくなるということ自体、その人がどうやってこの社会で立ち上がるのかという話に直結するものだと思って、私は活動しています。

堀川 この社会を生きていく、そして変えていく主体を、居場所で育てていくということですね。

遠藤 それに、活動していると、「初めてこういう場所に来ました！　私、当事者を見たことありません！」という子が来たりすることがあります。あるいは、学校では何も自分のことについて話せない、みたいな状態の子が来たりする。
　そういう子が参加している場で、ほかの参加者が、「自分は、学校で『くん』『さん』を性別で分けて呼ばれるのがすごく嫌でした。だから、英語の先生に分けて呼ばないでくださいって言いました！」みたいな話をするわけですね。初めて参加したそういう子たちからしたら、愕然とする発言ですよね。「そんなこと言っていいのか！」となる。そして、衝撃とともに家に帰っていく。すごいのは、そのうちその子が、「自分も学校で嫌なことあったから、言って帰ってきた！」みたいなことを表明するようになるんです。場に参加したことで、変化したんだろうな、と思いますね。

堀川　第二波フェミニズムでいうところの「個人的なことは政治的なこと」、それに気づいて変化していった、という感じですね。安心な居場所を手に入れる、そして場に参加する、そのなかで子どもたちが主体として立ち上がっていくことを学んでいるわけだ。

遠藤　そうそう。「これは、自分だけの問題じゃなくて、社会の問題だもん」みたいなことを言うようになるんですよね。

――鼎談の記録はここまでです。終章では、いよいよ本書のまとめに入っていきます。

1　文部科学省「性同一性障害や性的指向・性自認に係る、児童生徒に対するきめ細かな対応の実施等について（教職員向け）」二〇一六年

2　前掲通知文「はじめに」より

3　前掲通知文、四頁

4　LGBT法連合会が策定した『LGBTQ報道ガイドライン――多様な性のあり方の視点から　第2版』は、「記者向け、当事者向け、それぞれの注意点や用語集などから成り立」つものですが、一般読者にとっても役に立つものです。本章との関連でいえば、「トランスジェンダーに関する用語の注意」や「コラム：トランスジェンダーをめぐる状況について」は特に参考になるので、ご一読ください（https://lgbtetc.jp/wp/wp-content/uploads/2022/04/lgbtq-media-gudeline-2nd-edit-1.pdf）

5　「お茶の水女子大「性自認が女性なら」男性受け入れ」『日本経済新聞』二〇一八年七月二日（https://www.nikkei.com/article/DGXMZO32496390S8A700C1000000/）。最終アクセス日：二〇二三年五月一日

6　「お茶の水女子大「心は女性」の学生受け入れへ　国立で初」『朝日新聞デジタル』二〇一八年七月二日（https://www.asahi.com/articles/ASL724RH7L72UTIL01M.html）。最終アクセス日：二〇二三年五月一日

7　「お茶の水女子大がトランスジェンダー受け入れ」『東京新聞』二〇一八年九月一二日、二〇一八年七

月一一日朝刊（https://sukusuku.tokyo-np.co.jp/education/1920/）。最終アクセス日：二〇二三年五月一日

8　二〇二三年五月現在、性的少数者への理解を広める「LGBT理解増進法案」をめぐる議論が進んでいますが、自民党は「性的指向や性自認による差別は許されないとの認識」という文言を「性的指向や性同一性による不当な差別はあってはならないとの認識」へ修正しようとしています（傍点は筆者）。これら変更の問題点については、松岡宗嗣「LGBT法案「大きく後退」修正案の問題点を解説」『Yahoo! ニュース』二〇二三年五月一一日が詳しく解説しています（https://news.yahoo.co.jp/byline/matsuokasoshi/20230511-00349138）。最終アクセス日：二〇二三年五月一一日

9　例えば、トランスジェンダーと「性犯罪」については、以下の論稿において調査がなされていますが、そのような事実は認められないという結果となっています。Amira Hasenbush, Andrew R. Flores & Jody L. Herman, "Gender Identity Nondiscrimination Laws in Public Accommodations: a Review of Evidence Regarding Safety and Privacy in Public Restrooms, Locker Rooms, and Changing Rooms," *Sexuality Research and Social Policy* volume 16, pages70–83 (2019). また、女性が利用できるスペースがすべてなくなるという「公式情報」もいまだ確認されていません

10　堀あきこ「ネット公開「誰をいかなる理由で排除しようとしているのか？ ――SNSにおけるトランス女性差別現象から」――堀あきこ」「TRANS INCLUSIVE FEMINISM」HPより（https://transinclusivefeminism.wordpress.com/2020/09/04/hori2019b/）。なお、この記事は『福音と世界』二〇一九年六月号に書かれたものである。最終アクセス日：二〇二三年五月一日

11　堀前掲記事

12　「trans101.jp はじめてのトランスジェンダー」（https://trans101.jp/）。最終アクセス日：二〇二三年

五月一日

13 中塚幹也「性同一性障害と思春期」『小児保健研究』七五巻二号、二〇一六年

14 にじーず「二〇二一年度活動報告書」より

15 二〇二三年二月六日にZoomを利用してインタビューを実施しました

終章

ブームとバッシングのあいだで考える

大麻(おおあさ)にやってきたにじーず

二〇二一年、まだまだコロナ禍で強制された自粛が私たちの行動を制限していたころ、前章で見た「にじーず」の活動場所となっているユースセンターや地方公共団体といった社会教育施設も、誰もが十分に利用できない状況にありました。

行動が制限されることは、保護者の管理下に置かれる子どもたちにとっても、窮屈に感じられたのではないでしょうか。自分を普通だと思っている子どもはもちろん、自分のセクシュアリティを保護者にカミングアウトできていない子どもたちにとっては、なおさらのことだったでしょう。

ファーストプレイスである家庭、セカンドプレイスである学校（職場）が安心できない場所となってしまっている子どもたちにとって、サードプレイスと呼ばれる家庭でも学校でもない安心できる居場所の存在は重要です。サードプレイスにおける行動の自粛を押しつけられた子どもたちにとって、そして、そうした居場所を提供する側のにじーずにとっても、それに代わる居場所の確保は喫緊の課題でした。

そんな時期にツイッターを眺めていると、次のような投稿を見つけました。

> 七月四日のにじーず札幌ですが、会場となるYouth＋センターの休館が延長になってしまいました……。それで…今月限定！江別市大麻で「にじーず大麻（おおあさ）」を開催することにしました！札幌市民ではない、二三歳までのLGBT（かも？含む）の方は誰でも参加できます。申し込みやお問い合わせはDMで！[1]

このツイートを見たとたん、胸に熱い感情が込み上げてきました。「北海道では、自分自身のセクシュアリティを肯定的に捉えて生きてはいけない」と思い、上京を決めたのが二〇〇九年。それから一〇余年経って、そのような思いを抱かせた地元大麻に、ついに、サードプレイスがやってくるのです！

――広く世界と輪になって　仲よくみんな伸びていく

私の出身校である大麻小学校の校歌の一節。ようやく地元が、「仲よくみんな」が関われる場所に変化していく。そんなチャンスがやってきたのではないか。そう思いました。

しかし、その一方で、同時代にバッシング派の言説が力を持ち、さまざまな人の性と生を脅かしているのも、動かしがたい現実です。

「にじーずに凸（とつ）ってやろう」――今回の鼎談で、私自身も強く衝撃を受けた語りでした。

そのような発言をした方にとっては冗談や、軽い脅しのつもりだったのかもしれません。しかし、参加者にとって（そしてスタッフにとって）その発言は、参加や活動そのものを委縮させることにつながりかねないものでした。

ようやく身近にやってきたサードプレイスは、はたして安心できる居場所なのだろうか。そのような心配を抱えながら参加したユースがいたかもしれないし、そのような不安から参加そのものを見送ったユースがいたかもしれない……。そのように考えると、非常に胸が苦しくなります。

今日においては、依然、SNS上においてトランスジェンダー排除がエンタメ化されています。バッシングが激しさを増す理由の一つとしては、バッシングする者同士で、出し物（エンタメ）としてより強い刺激を求める心性があるのかもしれません。

いずれにせよ、バッシングがエンタメとして位置づけられてしまうそのグロテスクさを目の当たりにするたびに、私自身も疲弊します。子どもたちも同様であることは、前章からも明らかでしょう。[2]

バッシングに抗うための大前提

それでは、バッシングのある状況を改善するために、何が必要なのでしょうか。少なくともそれは、「バッシングはいけないことです」というお題目を唱えることではないでしょう。この社会構造そのものを変革していく必要があるように、私は感じています。社会構造そのものを変革する——そう言われると途方もないですが、本書で確認してきた性教育とバッシングをめぐる歴史を思い返しながら、改めて、いまできることについて考えていきましょう。

大前提として、教育全般をとりまく諸問題の改善を進めることは、言うまでもなく重要です。つまり、性教育や、性の多様性を基盤においた学校づくりは当然重要なのですが、教育をとりまく社会構造そのものに目を向ける必要があるということです。

紙幅の都合上、すべての問題に触れることはできませんでしたが、例えば「教師の多忙化」に代表される労働環境の問題が改善されないことには、性教育を含む教育実践を練り上げて、教材研究に力を注ぐこと自体が難しいでしょう。それどころか、目の前にいる子ども一人ひとりの抱えている課題に向き合う時間すら、十分に取れないはずです。

さらにいえば、そうした「多忙化」の状況にバッシング（あるいは、バッシングされるのではないかという懸念）が加わってしまえば、余計なことはしないでおこう……となってしまっても、教師の心情としては何らおかしなことではありません。

だからこそ、教師以外の人も、学校や教育の問題に対して声をあげることが大切なのです。「私は教師ではない、だからこの問題とは無関係である」と、他人事として捉えるのではなく、すでにいる子どもたち、そして未来の子どもたちのためにも、この社会をかたちづくる一人の人間として、声をあげていきたい。そのように私は考えています。

以下では、この大前提をふまえたうえで、本書で学んできたことを「バッシング」と「ブーム」という二つの視座から整理していきます。

権利保障とバッシングの関係

まず、本書で確認したとおり、「権利保障などが進むと、それを『揺り戻そう』とする勢力が出てくる」という点は、状況の認識として重要でしょう。「振り子が左へ右へと揺れるように」バッシングは起こるのです。

九〇年代でいえば、一九九〇年初頭の「官製性教育元年」の興りがありました。その動きに対抗するかたちで、性教協へのバッシングが起こったのです。
〇〇年代でいえば、九〇年代以降のジェンダー・セクシュアリティに関わる施策の推進があり、その反動としてバッシングが引き起こされました。性教育に関しては、その主戦場となったのが、七生養護学校でした。

そして二〇一八年、足立区の中学校を対象にした性教育バッシング、あるいは、いまに続くにじーずに対する誹謗中傷やSNSで吹き荒れるトランスヘイトの嵐……。これらの背景にも、二〇一五年以降の「性の多様性」に関わる権利保障の動きがあるといえるのではないでしょうか。例えば、二〇一五年三月には渋谷区で「同性パートナー条例」が成立しましたし、同年には、アメリカ連邦裁判所が同性婚を合憲とする判断をしたことも報道で大きく取り上げられました（なお、この反動として、アメリカでは反LGBT運動の標的が同性愛者からトランスの人びとに移っていったことも、見逃せない事実でしょう）。学校教育においても、二〇一五年、二〇一六年と立て続けに「通知」が出されています。

だから、これは非常に皮肉な結論ではあるのですが、このような点から見れば、バッシングは権利保障が前に進んでいることの証左である、ともいえそうです。

ただし、当然ながらこのことをもって、「バッシングを避けるために、権利保障は目指さず、現状を維持するのがよい」という結論につなげてはいけません。むしろ、せっかく進みつつある権利保障を後退させないために、バッシングを「跳ね返す武器」を磨くことこそが目指されるべきでしょう。バッシングが起こったときは、粘りどきなのです。

性教育バッシングは、性の多様性バッシングでもある

本書の成果として、次の点も記しておきたいと思います。それは、「性教育」バッシングと「性の多様性」バッシングとの関わり合いについてです。

二〇一八年にバッシングを受けた樋上さんらの性教育実践では、性教育の内容の一つとして、性の多様性（多様な性）についても取り扱っていました。[3] そのことをふまえると、二〇一八年の性教育バッシング自体、「性教育」全般へのバッシングであったのと同時に、「性の多様性」へのバッシングでもあったといえるでしょう。つまり、性教育実践がおこなわれることにより、性の多様性に関する認識が広がることを恐れた人びとがいたのではないか、ということです。本書が示唆したのはその可能性です。

事実、本書で見てきたように、〇〇年代の性教育バッシングは、性の多様性に関する教育までをも停滞させることにつながりました。八〇年代後半から蓄積されてきたクィアペダゴジーの実践、それを断絶ないし忘却させた背景には、まず性教育全般に関するバッシ

ングがあったのです。

結果として性の多様性に関するバッシングにつながったのか、当初からのねらいとして性の多様性に関するバッシングが含まれていたのかまでは、定かではありません。今後、私の研究の「宿題」として残しておきたいと思います。[4]

ただ、このような見立て自体、そこまでピントのずれた話ではないと、今回の書籍を執筆するなかで思いましたし、なにより大事なのは、性教育実践を守ることは、性の多様性に関する教育実践を守ることにもつながるという認識を、一人でも多くの人が持つことでしょう。

バッシングが「可視化」の呼び水に?

バッシングに関してもう一つ重要な点は、バッシング自体が、そこで争点とされる対象を可視化する働きも担い得る、ということでしょう。

しかし、これはすべてのバッシングに当てはまるわけではありません。例えば、九〇年代のバッシングに関しては、性教協という一団体への攻撃だと捉えられました。性教協への攻撃は、性の多様性も含む、性教育全般に関する権利保障の状況を停滞させかねないという意味で、この社会全体／人間の核そのものに対する攻撃でもあったはずなのに、矮小化して捉えられたわけです。争点が可視化されなかった結果（あるいは争点の矮小化に成功した結果）、〇〇年代のバッシングに至るまで、火種としてくすぶり続けたのではないでしょうか。

本書で見たように、浅井春夫さんらは九〇年代、すでにこの事態に反応し、書籍としてもまとめていました。性教協内でも、旧統一協会による九〇年代のバッシングには目を光らせていました。しかし、性教協外の教師、あるいは教育研究者たちは、どのようにその事態を見ていたのでしょうか。もしかすると、他人事として捉えていた人びとも、多かったのではないかと思います（あるいは、見えてさえいなかったのかもしれません）。性教育バッシングの歴史を描く際に、こうした点については、今後よりいっそうの考察が進められていくべきでしょうし、これも今後の私の「宿題」とさせてください。

なお、〇〇年代のバッシングは、性教育という争点を、きわめて「厄介なもの」として可視化しました。「ここから裁判」とその顚末については本書でまとめたとおりですが、このバッシングは、バッシングした人びとにとってみたら大成功だったでしょう。裁判では負けたものの、この事件以降、急速に性教育が衰退・停滞していったのですから。まさに「試合には負けて勝負に勝つ」といえる結果でした（性教協の会員数の急減については、

〔図3-1〕で示したとおりです)。

他方、かれらが失敗したのが、二〇一〇年代後半に足立区で起きた性教育バッシングです。ここではむしろ、「性教育ブーム」を引き起こすきっかけをつくってしまったのですから。

これらの事実からは、バッシングが起きたときに、社会がどのように振る舞うかによって、その後の結果は大きく変わる、ということがいえそうです。バッシングを未然に防げるのが理想的ではありますが、それができなかったとしても「跳ね返す」ことは可能です。

ブームの成果

ここからは、揺れる振り子のもう一つの極である、二〇一〇年代後半から始まった性教育ブームについて見ていきましょう。私自身、このブームには「成果」と「課題」があると考えています。

まず、成果としては、このブームによって、性教育や性の多様性を基盤にした学校づくりの必要性に関する議論が深まった点をあげることができるでしょう。私自身の経験も話したとおりですが、二〇一八年以降、授業においても、学外講演においても、学生や参加者の性教育や性の多様性に対する関心は高まっているように感じます。また、そうした経験談を持ち出すまでもなく、この数年間に出された性教育、性の多様性に関する書籍の出版点数や報道の数を見れば、その活況ぶりはすでにみなさんも感じていることでしょう。朝の情報番組でも普通に「性教育」や「LGBT（Q+）」について取り扱われるだなんて、〇〇年代のバッシング直後には考えられなかったことです。

このように、社会全体の状況が変化するなかで、バッシングが起きたときに反発する人も増えたのでしょうし、ジェンダー・セクシュアリティを身近な問題として考える人も増えたのでしょう。結果として、バッシングの側にふれかけた振り子を、ブームの側に揺り戻すことができたのは、一つの「成果」といってよいはずです。

現在、SNSを中心に、私よりも若い世代――性教育や性の多様性に関する教育を学校で十分に受ける機会を奪われて育った世代でもあります――の方たちが、性に関する発信をする姿を目にしたり、その内容を見て、私自身も励まされ、勉強になることが多いです。そうした発信自体が、にじーずが掲げる「権利回復の主体」の重要性を裏づけているようにも思います。

じぶんごととしてジェンダー・セクシュアリティについて捉えて、考え、発信し、行動する。バッシングが起きたらそれに対して声をあげる。そうした主体性を持った人がひとりずつでも増えていくことは、いつか起こり得るバッシングを跳ね返すうえで、間違いなく大事なことといえるでしょう。

ブームと商業化

一方で、私が「課題」として感じているのが以下の点です。

まず、ブームは、それがにわか景気(ブーム)であるがゆえに、自然と商業化に進みがちだということです。例えば、二〇一五年の「LGBTブーム」以降、あるいは二〇一八年の「性教育ブーム」以降、大量のコンテンツが世の中に生み出されました。単に出版物や報道、講座の数が増えただけでなく、「LGBTユーチューバー」「性教育ユーチューバー」などの発信者も誕生し、まさに裾野が広がった状況です。

しかし、性教育に関しては、第一、二章でも整理したとおり、その意味を含めてまだまだ共通認識を得られていません。性も教育も、知ったつもりになって論じやすい、あるいは自分の経験に引きつけて語りやすいテーマです（小泉純一郎さんの「教えてもらったことはありませんが、知らないうちに自然に一通りのことは覚えちゃうんですね」発言など、まさにそうです）。だからこそ、玉石混淆のコンテンツが生まれやすい。これは「LGBT（Q＋）」というテーマに関しても同様でしょう。

そうしたなかで、「〃お金〃になるから、とりあえず関連するコンテンツを出そう」という人が、あるいは、自己承認欲求を満たそうという発想でブームを利用する人が出てくるであろうことは、容易に想像がつきます。そして、ここがまさにブームの致命的な弱点なのですが、もし商業的な図式でこのブームが成り立っているのだとしたら、「お金」にならなくなる、あるいは注目を集められなくなれば、実践する側もそれを受け取る側も、一気に無関心にふれる可能性があるのです。

ブームと外部委託

さらに、無関心という点に関連しては、ブームが問題の「他者化」を進めることにつながるおそれも指摘できるでしょう。

例えば、二〇一八年の性教育バッシング以降、それに反発するかたちで「性教育ブーム」が起こりましたが、そこで主に広まったのは「おうち性教育」でした。もちろん、「おうち性教育」が活発になされるようになることで、それが学校で性教育を推進していくためのあと押しとなる、ということはあるでしょう。性教育に対する社会としての関心が高まれば、学校にもその影響はめぐりめぐってくるはずですから。

しかし、先に触れた「教師の多忙化」などの問題もあり、多くの学校教育現場では、性教育に前向きに取り組んでいこうという機運は「おうち性教育」ほどには高まっていない状況にあります。

ここで懸念すべきは、学校教育現場でも性教育をやるために、教師の労働環境を改善していこう、といった方向に議論が進むのではなく、むしろ「多忙化」を自明なこととしてしまい、「おうち性教育」や「外部講師」に性教育実践を外部委託するかたちにならないだろうか、ということです。

繰り返しますが、おうち性教育も、外部講師による性教育も、社会全体として見れば重要です。本書で確認したとおり、性教育は一生涯にわたって繰り返し実践される必要があるため、さまざまな場面で性教育を学ぶ機会があるのは望ましいことなのです。

ただ、学校教育（とりわけ義務教育課程）は基本的に、教育を受ける権利を持つすべての子どもに対し、性教育を学ぶ機会を保障できる可能性があります。それもまた、きわめて重要な事実なのです。そして、そのような学校教育で最も子どもたちと長く、そして密に関わることができるのが、「教師」なのではないでしょうか。

だからこそ、学校教育においては、教師によってなされる性教育を「必修化」することを実現する運動を展開していきたいと、私は強く考えています。そのためにも、まずは教師になるおとな自身が、多様な性について学ぶ機会を保障する必要があるとも思っています。例えば、大学教育において——特に教職課程において——ジェンダー・セクシュアリティと教育も、性教育も、ほかの教科指導に関わる科目と同様に、講義として「必修化」されていくことが望ましいと思います。

また、こうした外部委託に関する懸念は、なにも性教育に限りません。子どものための居場所づくりについても、まったく同じことがいえます。

例えば、本書にも登場いただいた「にじーず」は、性的マイノリティの子どものためのサードプレイスを、社会のなかにつくっています。しかし、本来ならば、セカンドプレイスである学校そのものが、人権保障と性の多様性を基盤にした空間として整備されている必要があります。もちろん、ファーストプレイスである家庭もそうです。家庭でも、学校でも、学校外でも、この社会にいる限りはどこにいたって安心できる環境を整備していくこと。選択肢の一つとして、サードプレイスとしての「にじーず」のような居場所があること。すべてが同じように整備されていくことこそが、大事なのです。

こうした前提を理解しないまま、ブームを自明のものとして扱ってしまえば、「学外で性教育が実践されているなら／学外に安心できる居場所があるなら、学校はそのままでいいよね」ということになりかねません。そうならないためにも、学校の外にいる人たちこそ、学校に目を向ける必要があるのでしょう。

振り子を止める

いよいよ最後です。「性教育をやっておくのが、(なんとなく) その時代のブームなのだ」と捉えている人たちについて。

私自身、第一章に書いたとおり、消極的な理由からジェンダー論を学び始めました。しかし、そこからジェンダー・セクシュアリティに関して考え、行動するよう変化していったのも事実です。だからこそ、「流行りだから」を入り口に性教育を学び始め、そこからその実践を深めていってもらえるのであれば、それはそれでよいのではないか、と私は思います (もちろん、確固たる信念で実践を始められた方たちを軽んじているわけではありません)。

むしろ、大事なのは、入り口をくぐったあとです。「流行りだから」とその波に乗った人は、その波に乗る理由がなくなったとたん、実践から離れてしまう可能性が高いです。あるいは、これは最悪の場合ですが、まだ実践にこだわろうとする人を、積極的に攻撃することさえあるでしょう。

実は、私がこの研究を始めてから、性教育実践や性的マイノリティに関する社会運動にたずさわってこられた方から複数回言われた、印象的な言葉があります。しかもこれは、複数の方から、まるで申し合わせたかのように言われたことです。少しだけ再構成してまとめてみましょう。

物事がうまくいっているときは、ニコニコと近づいてくる人がいるんです。その船に乗るのは当然だ、乗らなきゃ損だ、といった感じで。だから、物事がうまくいっているときには、乗ること自体が「ブーム」なんですよね。ですが、状況が一変して向かい風を受けるようになったとたん、船から一目散に逃げていく人がたくさんいました。

逃げていくだけなら、いいのかもしれません。私たちは信じる路（みち）を進んでいくだけですから。でも、そうやって逃げていった人ほど、これまでとはまったく違った経路を進む船に乗って、私たちを追いかけてきました。そして、激しい攻撃を加えてきたのです。

まさに、「後ろから撃たれる」とはこのことだと思いました。

無関係だと思っている人は、そもそも撃とうとも思わないでしょう。わざわざ撃ってくる人は、自分が逃げ出した船を消し去ることで、自分が逃げたという事実そのものを、歴史から消してしまいたいのかもしれません。

ですが、その一方で、私たちの進んだ路や、帆の立て方といった動き方について、歴史に残そうと頑張ってくれる人もいます。たとえ、私たちの船が沈んでしまっても、私たちの船が進んでいたという歴史を見つけて、同じ路をあとから進もうとしてくれる人もいます。あなたがその一人であるように。

「教育」には**即効性**がありません。結果がなかなか出なくて実践自体を諦めてしまったり、すぐに効果が出ないからといって無駄であると批判されたりしてしまうのには、そういう理由があります。

しかし、だからこそ、と言うべきでしょうか。「教育」がいったん止まったとき、それが子どもたちの未来に、あるいは未来の子どもたちに、どれほど甚大な影響を及ぼすか――。そういう長いスパンで、私たちは教育の問題を考える必要があるでしょう。

本書で見てきたとおり、バッシングのあった九〇年代、〇〇年代であっても、粛々と性教育実践を続けてきた人たちがいます。かれらは「教育が止まる」ということの意味を、よく理解していたのかもしれません。

そのような人たちが積み重ねてきた実践の歴史を知ること、積み残された課題をじぶんごととして引き受けて、いまにつなぐこと。そのように生きていこうとしている人たちもまた、確かに存在しています。

私自身、そのような人たちに影響を受けた一人です。だからこそ、物を書くときには、「こんなに興味深い実践者がいる／いたのか！」という面白さを、教師一人ひとりの課題意識とともに伝えることを大切にしています。いま、目の前にいる子どもたちから出発する課題意識は、「ブーム」に対する関心とは、本質的に異なるものです。

「日本に性教育はなかった」と、ある人は言います。

そうではないという証拠は、実践者たちの歩みのなかにあります。

その歴史を掘り起こし、学び、誰かに伝えていくこと自体が、ブームとバッシングのあいだで揺れる振り子を止めて、当たり前に子どもたちに性教育や性の多様性に関する知識を届けること、ひいてはこの社会に多様な居場所をつくることにつながっていくのではないかと、私は信じます。

1　にじーず札幌によるツイート、二〇二一年六月二〇日、午後〇時三一分より（https://twitter.com/s24zzz/status/1406454597191749632）。最終アクセス日：二〇二三年四月二〇日

2　なお、トランスジェンダー排除や性の多様性に関する差別的な言説についての理解をさらに深めるために、以下の書籍をあわせてご覧いただくことをお勧めします。遠藤まめた『みんな自分らしくいるためのはじめてのＬＧＢＴ』筑摩書房、二〇二一年。キム・ジヘ、尹怡景（ユンイキョン）訳『差別はたいてい悪意のない人がする――見えない排除に気づくための10章』大月書店、二〇二一年。ショーン・フェイ、高井（たかい）ゆと里（り）訳、清水晶子（しみずあきこ）解説『トランスジェンダー問題――議論は正義のために』明石書店、二〇二二年

3　樋上典子＋艮香織＋田代美江子＋渡辺大輔『実践 包括的性教育』エイデル研究所、二〇二二年

4　二〇二三年五月一二日、自民党は「ＬＧＢＴ理解増進法案」について、保守派議員に配慮した修正案を事実上了承。そこでは「学校の設置者の努力」という文言も削除されました。「性教育だって十分にできていないのに、ＬＧＢＴの教育をしてどうするんだ」「子どもが混乱する」など、複数の反発意見があがったことに対応した結果だったと報じられています。本書で確認したとおり、そもそも日本の性教育実践を停滞させてきたのは自民党でもあります。「性教育が止まれば性の多様性に関する教育も止まる」ということは、こうした動向からもいえるのです。詳しくは「（時時刻刻）ＬＧＢＴ法案、自民骨抜き　「差別許されない」→「不当な差別あってはならない」」『朝日新聞』二〇二三年五月一三日など

おわりに

二〇二二年の夏のことです。前書『気づく 立ちあがる 育てる――日本の性教育史におけるクィアペダゴジー』の出版記念イベントが、本屋B&B（東京都下北沢）で開催されました。聞き手に松岡宗嗣さんをお迎えし、私がその本に何を書いたのか、どうしてこれまでそうした研究をしてきたのか、ということを話しました。

イベントが終了し、荷造りをしていたときに、本書の編集を担当してくださった天野潤平さんに声をかけられました。天野さんとお会いしたのはそのときが初めてでしたが、イベントの感想とともに「今日のイベントでの発表にあった、九〇年代より先の話を知りたいです」と言ってくださったのです。

前著では、一九九〇年初頭までの性教育の歴史を取り扱いました。特に対象としたのは、同性愛に関わる教育実践と、先生たちがその実践を生み出すに至った過程についてでした。ある意味、実り豊かな時期について書いたものですから、前著を読むと、「性教育の未来は明るい」という感情さえ得られるかもしれません。

しかし、九〇年代以降については、本書で書き記したとおりの「歴史」があるわけです。先達たちによって着実に進められた実践もあったのですが、やはりその背景には、通奏低音としての「バッシング」が響いています。

そうした一筋縄ではいかぬ、九〇年代以降の性の権利保障と教育の歴史について読みたい。そんな天野さんのお話を聞いて、私自身ちゃんと学び直して、書き残したいと思ったのでした。また、性教育バッシングだけでなく、トランスジェンダー排除についても、二〇一九年初頭に仲間たちからメッセージをもらって以降、自分のなかでちゃんと言語化し、論じたいと思っていました。そのような機会をいただけるのだと解釈して、執筆をお引き受けした次第です。

本書を執筆するにあたり、たくさんの方からご協力を得ることができました。まず、新たにインタビューをさせていただいた「にじーず」の遠藤さん、古堂さんに御礼を申し上げます。そして、これまでほうぼうでお話をうかがわせていただいたり、資料を譲渡・貸与してくださったりしたにもかかわらず、十分にまとめることができずにいた先生方には、お詫びと御礼をこの場を借りて申し上げます。

また、私の授業に参加してくださった学生たち。みなさんの「コメントシート」や日々の反応・応答がなければ、本書を書くことはできなかったと思います。授業では、「私も一学習者として、みなさんからたくさんのことを学びにきています」と伝えるようにしていますが、その学びの成果がこのようなかたちになりました。もちろん、内容に関しては、すべて私が責任を負うものです。

あわせて、本書執筆にあたって大切な助言をくれた、高校からの数少ない友人のXさんに御礼を申し上げます。前著を読んだ感想として「俺たちにも関係があると思える本を書いてよ」と言ってくれたことで、本書の軸が明確になりました。

最後に私自身、研究、そして社会運動・教育運動に、これまで以上に積極的に関わっていきたいと思っているという決意表明を、ここに記しておきましょう。「社会が変わっていくことを願っています」というコメントは、学生のレポートにもよく見られる表現ですが、黙って願っていても何も変わりません。本書で見てきたように、さまざまな人が行動を起こしたことで、社会は少しずつ変わってきました。そして、私たちはその歴史をまだまだ知らない。そうであるならば、まず自分ができることから動くしかない、学ぶしかない。本書の執筆を通して、私自身、新たにスタートをきることにしたいと思います。

二〇二三年五月一六日

堀川修平

本書は、ＪＳＰＳ科研費ＪＰ２１Ｋ２０２６１の助成を受けたものです。

堀川修平（ほりかわ・しゅうへい）

一九九〇年、北海道江別市生まれ。東京学芸大学大学院連合学校教育学研究科博士課程修了。博士（教育学）。専門は、日本の性教育実践と実践者の歴史・性的マイノリティ運動の歴史。埼玉大学、立教大学ほか非常勤講師。一般社団法人〝人間と性〟教育研究協議会幹事。主な論文として、「日本のセクシュアル・マイノリティ運動の変遷からみる運動の今日的課題―デモとしての『パレード』から祭りとしての『パレード』へ―」（日本女性学会『女性学』二三号、二〇一五年）、「〝人間と性〟教育研究協議会における性の多様性に関する実践史―教育者の同性愛観に着目して―」（同時代史学会『同時代史研究』一一号、二〇一八年）。著書に『気づく 立ちあがる 育てる――日本の性教育史におけるクィアペダゴジー』（エイデル研究所、二〇二二年）。

「日本に性教育はなかった」と言う前に

ブームとバッシングのあいだで考える

二〇二三年八月一〇日　第一刷発行

著者　堀川修平
発行者　富澤凡子
発行所　柏書房株式会社
東京都文京区本郷二-一五-一三
（〒一一三-〇〇三三）
電話（〇三）三八三〇-一八九一［営業］
（〇三）三八三〇-一八九四［編集］

装丁　木庭貴信＋岩元萌（オクターヴ）
組版・作図　高井愛
校閲　株式会社麦秋アートセンター
印刷　壮光舎印刷株式会社
製本　株式会社ブックアート

ISBN978-4-7601-5529-3